Hinweis

Die Informationen dieses Buches können ärztlichen Rat nicht ersetzen. Bitte konsultieren Sie bei ernsthaften gesundheitlichen Beschwerden in jedem Fall eine Ärztin oder einen Arzt. Eine Haftung des Autors und des Verlages für etwaige Schäden, die sich aus dem Gebrauch oder Missbrauch des in diesem Buch präsentierten Materials ergeben, ist ausgeschlossen.

MAXIMILIAN ALEXANDER KOCH

BINGE EATING JETZT STOPPEN

Wie Sie Heißhunger und unkontrollierte Essanfälle nachhaltig vermeiden und sich endlich richtig wohlfühlen können

Inhaltsverzeichnis

Vorwort

„Ich hätte nie gedacht, dass ich mich wieder selbst lieben könnte. Mit allem was dazugehört. Zwar hab ich immer noch Angst, wenn ich irgendwo Fast-Food sehe, aber ich weiß ja, wie ich mich selbst wieder beruhigen kann. Die Rückfälle sind wirklich seltener geworden und auch nicht mehr so schlimm. Dadurch, dass jetzt diese schrecklichen Anfälle fast weg sind, habe ich endlich wieder Kraft und Spaß am Leben. Ich fühle mich wie früher und kriege mehr geschafft. Es funktioniert zwar nicht immer, zum Sport zu gehen, aber ich kann mir das verzeihen. Früher hätte ich mich selbst beschimpft und mir dadurch komplett die Laune verdorben. Jetzt konzentriere ich mich darauf, dass es jeden Tag besser wird [...]

Ich kann endlich ehrlich zu meinen Freundinnen sein. Das tut so gut. Ich verkrieche mich nicht mehr Zuhause. Dadurch, dass sich mein Alltag verändert hat, fühle ich endlich, dass ich mehr bin als mein Körper. Das wusste ich vorher schon, aber jetzt kann ich auch daran glauben. Manchmal fühle ich mich sogar ganz wohl in meiner Haut. Da gibt es so Tage, an denen schaue ich in den Spiegel und denke mir ‚Du siehst toll aus. Weiter so!'. Schon irgendwie lustig ... noch vor ein paar Wochen, war mir noch so wichtig, was andere über mich denken. Da habe ich aber keine Bestätigung von Außen bekommen. Jetzt wo es mir egal ist bekomme ich viel öfter Komplimente [...].

Das Beste ist ja, dass ich mich nicht mehr schämen muss. Ich kann einfach da sein und bin zufrieden. Was ich mir früher für einen Stress gemacht habe... da habe ich keine Lust mehr drauf. Es war halt wirklich jedes Essen ein Kampf. Jetzt ist es ganz normal und ich rutsche nicht mehr in diese Spirale. Man unterschätzt immer, wie sehr einen sowas einschränkt. Ich glaube, ‚Befreiung' trifft es ganz gut. Ich weiß, dass ich frei bin, sein kann wie ich will und machen kann, was ich will."

Einleitung

Dieses Buch richtet sich an alle, die Ihre Probleme mit Binge Eating überwinden wollen und bereit dazu sind, sich durch psychologische Kenntnisse selbst zu ermächtigen. Damit sind nicht nur Leser gemeint, bei denen eine Essstörung diagnostiziert, oder vermutet wird, sondern auch solche, die sich nur gelegentlich überessen oder von körperbezogenen Selbstzweifeln geplagt werden.

Auch, wer nur am Rande betroffen ist, leidet. Dieses Leiden wird nicht nur dadurch hervorgerufen, dass ein täglich wiederkehrender, lebensnotwendiger Vorgang zum Problem wird. Sondern erstreckt sich oft auf alle Lebensbereiche: Körperhass und Selbstverachtung gehen Hand in Hand mit Ratlosigkeit und emotionaler Instabilität. Meist bleibt die Ursache des Leidens dabei vor der Öffentlichkeit verborgen. Binge Eating wird zum Geheimnis und befeuert dadurch das eigene Schamgefühl. Und das, obwohl fast jeder im Laufe seines Lebens von Unsicherheit über den eigenen Körper und unliebsamen Essverhalten betroffen ist.

Die Lektüre dieses Buches zerrt das unliebsame Thema ans Licht und unterstützt den Leser dabei, es auf gesunden und nachhaltigen Weg zu überwinden. Dazu sind weder Diäten noch Tabus vonnöten.

Dieses Buch vermittelt ein langfristig ausgelegtes, ganzheitliches System, das dazu befähigt den eigenen Körper und die ihm innewohnende Psyche wieder auf die eigene Seite zurückzuholen. Damit das gelingen kann, ist die Kenntnis des gegenwärtigen Forschungsstands von zentraler Bedeutung. Denn nur durch experimentelle Variation, genaue Aufzeichnung und Auswertung der Resultate ist aus dem einstigen Kuriosum der Essattacken ein Verhalten geworden, das von jedem angepasst und schließlich überwunden werden kann.

Dieses Buch stützt sich nicht auf Vermutungen oder Anekdoten, sondern übersetzt die psychologische Forschungsliteratur in gut verständliche Sprache, damit die nachweislich effektivsten Methoden der Psychotherapie (siehe z.B. Carter & Fairburn, 1998) unmittelbar von jedem Leser in Eigenregie und begleitend zur Lektüre angewendet werden können.

Das Buch gliedert sich in drei Abschnitte:

- **Der Einstieg:** Hier werden die wesentlichen Grundlagen darüber vermittelt, wie Binge Eating und Essstörungen funktionieren. Dieser Abschnitt richtet sich somit vor allem an Leser, die gerade damit angefangen haben, sich mit ihren Problemen auseinanderzusetzen. Eine klare Definition der wichtigsten Punkte hilft dabei, die Hintergründe zu verstehen, die im anschließenden Abschnitt erläutert werden. Auch erfahrene Leser können also davon profitieren sich erneut mit den grundlegenden Elementen auseinanderzusetzen.

- **Die Hintergründe:** Der zweite Abschnitt befasst sich mit allen Themenfeldern, die einen Einfluss auf Binge Eating als Verhalten oder Störungsbild haben. Der ganzheitliche Blick auf Probleme und Lösungswege verleiht dem Vorgehen die nötige Tiefe, um umfassenden Wandel zu bewirken.
- **Die Umsetzung:** Der letzte Abschnitt greift die Inhalte der vorangegangenen Segmente auf und bezieht sie auf die konkrete Umsetzung. Zusätzlich zu dem verhaltenspsychologisch fundierten Programm stehen Spickzettel zur Soforthilfe zur Verfügung.

Insgesamt erhebt dieses Buch den Anspruch, das einzige und letzte Werk zu sein, das Betroffene lesen müssen, um Binge Eating und damit verbundene Verhaltens- und Denkweisen ablegen zu können. Zu diesem Zweck wird ein besonderer Wert auf Selbstermächtigung gelegt, durch die der Leser unabhängige Entscheidungen treffen kann. Rückfälle und konstante Selbstüberwindung sind genauso Teil dieses Prozesses, wie der Genuss gesteigerter Lebensqualität.

Lesehilfe

Um Zeit und Mühe als die kostbaren Ressourcen zu behandeln, die sie sind, gibt diese Lesehilfe einen kurzen Überblick darüber, wie verschiedene Arten von Lesern so schnell und einfach wie möglich Zugriff auf die für sie relevantesten Inhalte bekommen.

Jeder Betroffene von Binge Eating hat seine eigene Geschichte und steht an einem anderen Punkt im Leben. So unterscheiden sich auch die Erlebnisse, Erkenntnisse und der Umgang mit der Essproblematik. Während einige direkte Anweisungen und Schritt-für-Schritt-Pläne bevorzugen, präferieren andere eine ausführliche Auseinandersetzung, wie sie nur im Buchformat stattfinden kann.

Fachbücher machen es vielen Lesern schwer, sich mit dem geschilderten zu identifizieren und es umzusetzen, während reine Alltagsinformation ohne theoretisches Fundament nur eine weitere Ansammlung von Regeln und Vorschriften ohne größeren Bezug darstellt. Im Bemühen beide Problemfelder aus dem Weg zu räumen und sämtliche Leser zufriedenzustellen, setzt dieser

Ratgeber auf Selbstständigkeit, wie sie auch in jeder erfolgreichen Psychotherapie vonnöten ist. Zwar geht Mitarbeit und Eigeninitiative mit mehr Verantwortung einher, doch beides ist notwendig um lang anhaltende Erfolge zu feiern. Entsprechend ist es dem Leser überlassen, die eigenen Zielen zu erforschen und selbst herauszufinden, welche Themen vertieft werden sollen.

Um das zu ermöglichen, ist dieses Buch mit zahlreichen Querverweisen ausgestattet. Besonders hervorzuheben ist an dieser Stelle der dritte Teil des Buches, welcher ausschließlich aus konkreten Umsetzungsschritten besteht. So ist es auch möglich, mit diesem zu Beginnen und die Fragen und Probleme, die bei der Umsetzung aufkommen, im Nachhinein durch die anderen Teile des Buches zu beantworten.

Je nachdem, wie der aktuelle Erfahrungs- und Wissensschatz des Lesers ausgeprägt ist, können auch ganze Passagen übersprungen werden. Insbesondere die Inhalte des ersten Buchteils dürften gut informierten Lesern bereits bekannt vorkommen.

Die Bewältigung von Binge Eating ist kein Hexenwerk und kann auch von denen geschafft werden, die bereits vieles ausprobiert oder das Vertrauen in ihre eigenen Fähigkeiten verloren haben. Besonders in diesem Fall soll die gemeinsame Erforschung der Hintergründe Mut machen und auch dann Besserung herbeiführen, wenn es zunächst schwer fällt, praktische Schritte gehen.

Vielen Betroffenen von Binge Eating fehlt es nicht an Ratschlägen, sondern vielmehr an Vertrauen in den Heilungsprozess.

Dem soll dadurch entsprochen werden, dass der Leser selbst zum wissenschaftlichen Denker wird, und dadurch lernt, Stück für Stück mehr Vertrauen in die eigenen Taten zu setzen – in dem Wissen, warum er tut, was er tut.

Chronologischer Leseweg

Der chronologische Leseweg richtet sich vor allem an Leser, die Probleme gerne systematisch und von Grund auf angehen. Er führt somit von der psychologischen Definition über die Merkmale und Entstehung von Binge Eating bis hin zu Lösungsmodellen und schließlich zur konkreten Umsetzung der gewonnen Erkenntnisse.

Erfahrener Leseweg

Der erfahrene Leseweg eignet sich für alle Leser, die sich bereits ausführlich mit Binge Eating auseinandergesetzt haben und auf diesem Fundament aufbauen möchten. Da der individuelle Kenntnisstand auch innerhalb der Gruppe erfahrener Leser sehr verschieden ausfällt, muss jeder selbst herausfinden, an welcher Stelle er steht. Hierzu empfiehlt es sich, das Inhaltsverzeichnis zu konsultieren und das eigene Wissen anhand kurzer Textstichproben zu überprüfen.

Dieses Buch folgt zwar einer Chronologie, ermöglicht dem Leser jedoch auch, zu den für ihn persönlich relevantesten Themen zu springen und eigene Schwerpunkte zu setzen. Es darf gerne dem eigenen Interessen gefolgt und dadurch die Motivation aufrecht erhalten werden. Wann immer das Gefühl aufkommt, genug gelesen zu haben, sollte diesem Impuls entsprochen und direkt zur Umsetzung (Teil 3) übergegangen werden.

Therapeutischer Leseweg

Im therapeutischen Prozess ist es üblich, dass der Therapeut Informationen vermittelt und die Umsetzung durch den Patienten nach Ende der Sitzungen stattfindet. Ein ähnliches Vorgehen ist auch bei der Lektüre dieses Buches möglich. Um diesem zu folgen, sollte der Leser zunächst den ersten Buchabschnitt nutzen um zu erkennen, in welchem Maße er betroffen ist. Anschließend kann mit dem Umsetzungsprogramm (Teil 3) begonnen und parallel dazu der zweite Buchteil studiert werden.

Weitere Hinweise

- Viele Themen werden zu Beginn nur grob angerissen und in späteren Kapiteln ausführlicher erläutert (siehe Querverweise). Dies kann den Lesefluss in Teilen behindern, dient aber der tiefgreifenden Verarbeitung. *Spaced Repetition* (zu Deutsch: „verteilte Wiederholung") zählt zu den wirksamsten Lerntechniken und sorgt dafür, dass das Gelesene im Kopf bleibt (Tabibian et al., 2019).
- Im Verlauf des Buches ist häufig die Rede von „Betroffenen". Diese indirekte Ansprache des Lesers, mag sich zunächst ungewohnt anfühlen, ermöglicht ihm jedoch auch, seine Problematik von außen zu betrachten. Dies ist besonders deshalb wichtig, weil sich viele Betroffene

von Binge Eating selbst die Schuld geben und mit der Essproblematik identifizieren. Wenn von der „von Binge Eating betroffenen Person" die Rede ist, ist also nie der Leser in seiner Gesamtheit gemeint, sondern nur der von Binge Eating beeinflusste Teil seiner Identität, den er mit der Zeit ablegen wird.

- Männer sind deutlich seltener von Essstörungen betroffen, weshalb sich die meisten konkreten Schilderungen und Beispiele dieses Buches auf Frauen beziehen. Die thematisierten Prinzipien und Lösungsansätze funktionieren jedoch unabhängig vom Geschlecht, sodass Männer das Buch ebenfalls nutzen können und die gleichen Erfolge erzielen werden.

1

Der Einstieg

1

Binge Eating - Verhalten oder Störung?

Binge Eating als Verhalten

Die meisten Menschen, die unter einer Essstörung leiden, sind mit einer bestimmten Verhaltensweise nur allzu gut vertraut: *Binge Eating*. Hinter Binge Eating stecken weder reiner Heißhunger noch geringe Selbstkontrolle. Auch der häufig verwendete Begriff „Fressattacken" trifft nur bedingt zu. Nicht ohne Grund wird auch im deutschsprachigen Raum auf den englischsprachigen Fachbegriff zurückgegriffen. Die konkrete Ausprägung von Binge Eating ist von Person zu Person unterschiedlich. So könnten sie z.B. mit den folgenden Schilderungen in Teilen übereinstimmen, müssen ihnen aber nicht zur Gänze entsprechen.

„Ich fühle mich seit damals fremd in meinem Körper. Ich wollte nicht, dass das zu mir gehört. Es fühlt sich einfach falsch an. Ich ärgere mich oft darüber, dass ich keine Disziplin habe. Es klappt mal für eine ganze Weile, aber dann bekomme ich plötzlich dieses Gefühl... Diesen Druck und das Bedürfnis einfach zu schreien oder mich irgendwie selbst loszulassen. Dann sehe ich an mit herab und fühle mich total verbraucht und unförmig.

Mir ist es dann auch egal, wenn mir andere Komplimente machen. Ich kann das irgendwie nicht glauben. Und dann stehe ich doch wieder vor dem Kühlschrank und fühle mich wie magnetisch angezogen, aber hasse mich selbst dabei. Ich habe dann auch nie Hunger auf etwas gesundes, auf das was ich eigentlich essen sollte. Ich stopfe mich mit Dingen voll, von denen ich von Anfang an weiß, dass ich mich dafür hassen werde. Trotzdem, obwohl ich es merke, mache ich weiter und sehe mir dabei zu. Und denke mir: ‚Du kriegst das nie hin. Andere schaffen das, aber du nicht.'

Ich habe es auch nie länger hin bekommen und das macht mich völlig fertig. Und ich glaube schon, dass es an mir liegt. Ich kann mich einfach nicht beherrschen und bin vollkommen unfähig schön zu sein [...]. Ich habe zwar noch nie absichtlich erbrochen, aber wenn das so weitergeht, weiß ich nicht, was ich sonst noch tun kann. Ich werde ja sonst eh nur fetter und davor habe ich Angst."

Um der individuellen Situation vieler Menschen gerecht zu werden, und Muster hinter vermeintlichen Einzelfällen aufzudecken, wurden in Psychologie und Medizin einzelne Elemente erarbeitet, die gemeinsam für alle Betroffenen gelten und in Form von Diagnose-Kriterien festgehalten sind. So führt der *Diagnostische und statistische Leitfaden psychischer Störungen* Binge Eating folgendermaßen auf:

„Wiederkehrende Episoden von Essanfällen. Ein Essanfall ist durch die folgenden beiden Merkmale charakterisiert:

- *Verzehr einer großen Nahrungsmenge in einem bestimmten Zeitraum (z. B. zwei Stunden), die erheblich größer ist als die Menge, die die meisten Menschen unter vergleichbaren Bedingungen essen würden*
- *Gefühl, während der Episode die Kontrolle über das Essverhalten zu verlieren" (American Psychiatric Association, 2015).*

In der *Internationalen Klassifikation der Krankheiten* (ICD 10) wird Binge Eating ebenfalls definiert; und zwar als: „Essattacken, bei denen in kurzer Zeit sehr große Mengen an Nahrung konsumiert werden." (Graubner, 2013).

DSM 5 und ICD 10 dienen der Diagnose psychologischer bzw. medizinischer Störungsbilder. Sie sind maßgeblich, um zu entscheiden, ob und wie eine Behandlung stattzufinden hat. Doch bevor wir uns näher mit Essstörungen befassen, sei gesagt, dass

Binge Eating lediglich einen Teilaspekt problematischen Essverhaltens darstellt, wenn auch einen sehr wichtigen. Vereinzelt tritt Binge Eating auch außerhalb psychischer Störungsbilder auf, oder bleibt eine Konstante, während Betroffene zwischen unterschiedlichen Störungsbildern wechseln.

Nach drastischer Reduktion der Nahrungsaufnahme ist Binge Eating die gefährlichste Verhaltensweise, die mit Essstörungen in Verbindung steht. Mit Ausnahme der restriktiven Form der Anorexie (dazu später mehr), tritt Binge Eating bei allen Essstörungen auf und ist dabei nicht selten die bedeutendste Komponente. Die Anpassung dieses Verhaltens ist also der effektivste Weg, um die eigenen Probleme mit Essen und seines Körpers aus der Welt zu schaffen und das eigene Leiden maßgeblich zu lindern.

Dass es sich bei Binge Eating nicht nur um ein gesamtes Störungsbild, sondern eine konkrete Verhaltensweise handelt, bringt den immensen Vorteil mit sich, dass schon eine leichte Veränderung des Verhaltens zu erheblichen Verbesserungen der Lebensqualität führen kann. Zudem gehört Verhaltensänderung zu den besterforschten psychologischen Themenfeldern und bringt mit der (kognitiven) Verhaltenstherapie, den mit Abstand erfolgreichsten therapeutischen Ansatz mit sich (z.B. Tolin, 2010). Die Lage von Betroffenen ist also alles andere als aussichtslos. Wie sich die entscheidenden Konzepte dieser Therapieform anwenden lassen und welche anderen Therapiearten eine Rolle spielen, wird in Kapitel 8 thematisiert.

Binge Eating und Essstörungen

Oft wird der Begriff „Binge Eating" synonym mit der *Binge Eating Störung* verwendet. Dabei ist bei weitem nicht jeder Binge Eater von der Binge Eating Störung betroffen. Um derlei Missverständnissen vorzubeugen und sich kompetent mit den eigenen Problemen auseinanderzusetzen, ist es wichtig, sich ein Grundverständnis für Essstörungen im Allgemeinen anzueignen. So kann es beispielsweise passieren, dass ein Betroffener der unter *bulimischer Anorexie* leidet, eine vergleichsweise normale Nahrungsaufnahme bereits als Heißhungerattacke erlebt, während eine Person, die von der Binge Eating Störung betroffen ist, sich in der gleichen Situation über die eigenen Fortschritte freut.

Auch, wenn wenig darüber gesprochen wird: wer unter gestörtem Essverhalten leidet, ist mit seinem Problem nicht allein. Jeder zweite Deutsche hat Angst vor erhöhter Kalorienaufnahme, benutzt Essen zur Gefühlsregulation oder definiert seinen Selbstwert über das eigene Gewicht. Jedes dritte Mädchen im Alter zwischen elf und 17 Jahren weist Symptome einer Essstörung auf und jede zehnte Frau im Alter von 15-35 wurde mit Binge Eating Störung, Bulimie oder Anorexie diagnostiziert. Damit sind Leser dieses Buches keine Einzelgänger. Es gibt alleine in Deutschland viele hunderttausend Menschen, denen es ähnlich geht und die einen vergleichbaren Leidensdruck verspüren (z.B. Schuck et al., 2018).

Eine Essstörung liegt dann vor, wenn sich der Betroffene übermäßig häufig und intensiv mit dem Thema Essen beschäftigt.

Beschäftigung ist in diesem Fall nicht nur als gedanklicher Prozess zu verstehen, sondern bezieht auch konkrete Handlungen mit ein, die als Folge einer negativen Auseinandersetzung mit dem eigenen Körper entstehen. Essstörungen zählen zu den Verhaltensstörungen und werden somit unter anderem durch das Abweichen von der Norm definiert. Es liegt jedoch erst dann eine Störung vor, wenn der Betroffene und/oder sein Umfeld deutlich unter dem Verhalten leiden.

Der Begriff „Störung" ist dabei keinesfalls despektierlich gemeint. Vielmehr beschreibt er den Sachverhalt, dass die Nahrungsaufnahme nicht wie eigentlich intendiert abläuft. Anstatt die Versorgung des Körpers sicherzustellen und Genuss zu bringen, wird Essen dazu benutzt Spannungen zu reduzieren, Selbstwert zu erhöhen und führt im Anschluss daran zu Selbsthass und Frustration. Gestört ist somit nicht der Betroffene, sondern lediglich der Prozess der gesunden Nahrungsaufnahme. Essstörungen wirken sich nicht nur auf den Körper aus, sondern führen auch zur Veränderung von Wahrnehmung, Denken, Fühlen und Selbstbild. Eine Essstörung zu behandeln bedeutet also die natürlichen Fähigkeiten des Körpers und der Psyche wiederherzustellen.

Werfen wir nun einen Blick auf die verschiedenen Essstörungen und sehen uns an, wie viele jeweils von Ihnen Betroffen sind (Dahlgren et al., 2017):

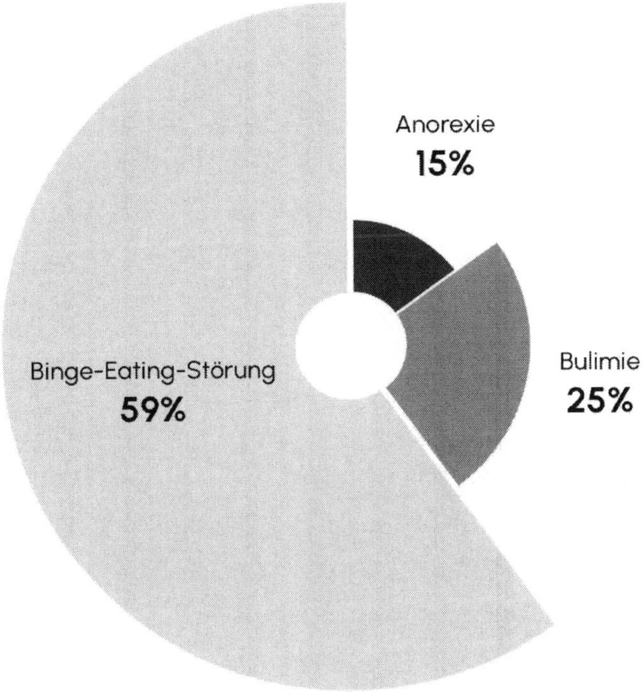

Jeweiliger Anteil der Essstörungen (weibliche Gesamtprävalenz 6%)

Binge-Eating-Störung

Obwohl es sich bei der Binge-Eating-Störung um die am häufigsten vorkommende Essstörung handelt, wurde sie erst 2013 als eigenständige Störung anerkannt. Bei der Binge-Eating-Störung stehen regelmäßige Essanfälle im Vordergrund (Dingemans et al., 2002). Während dieser Episoden entgleitet die Kontrolle und es werden vornehmlich hochkalorische Lebensmittel in großen Mengen und in sehr kurzer Zeit konsumiert. Betroffene sind erst in der Lage aufzuhören, sobald sich ein unangenehmes Völlegefühl einstellt und fühlen sich anschließend schuldig und voller Selbsthass. Die Essanfälle treten besonders in Zeiten der Anspannung und Unzufriedenheit auf und werden benutzt, um negative Emotionen zu unterdrücken. Übergewicht ist unter Betroffenen weit verbreitet und beeinträchtigt das gesunde Selbsterleben. Es erfolgen jedoch selten Gegenmaßnahmen, weder konstruktiver (z.B. Sport), noch destruktiver Natur (z.B. Erbrechen).

Bulimie

Auch Menschen, die unter *Bulimie* leiden, sind mit Essanfällen vertraut. Allerdings kommt bei dem Störungsbild der Bulimie noch hinzu, dass das Selbstwertgefühl sehr abhängig vom eigenen Körperbild ist, was dazu führt, dass Betroffene regelmäßig extreme Gegenmaßnahmen ergreifen (Smith et al., 1986). Hierunter fallen Erbrechen, übermäßiger Sport, sowie der Gebrauch von Abführ- und Entwässerungsmitteln. Zudem führen sie oft sehr strenge Diäten, durch die jegliche Form der Nahrungsaufnahme problematisiert wird. Anders als bei der Binge-Eating-Störung ist es während der Essanfälle nur den wenigsten Betroffenen möglich das Essen zu irgendeinem Zeitpunkt zu genießen.

Menschen mit Bulimie sind in der Regel normalgewichtig, weshalb das Problem nur selten von außen erkannt wird. Es ist daher davon auszugehen, dass noch weit mehr von Bulimie betroffen sind, als sich durch bisherige Erhebungen feststellen lässt.

Anorexie

„Magersucht" ist die auffälligste aller Essstörungen und wurde dementsprechend früh entdeckt. Die ersten Aufzeichnungen reichen über 330 Jahre zurück und beschrieben die Störung mit dem medizinischen Fachbegriff der *„Anorexie"*, welcher im Wesentlichen „Appetitlosigkeit" bedeutet (Pearce, 2004). Etwas später wechselte die Bezeichnung zu „Anorexia hysterica", bis schließlich 1873 der Begriff *„Anorexia nervosa"* Verwendung fand (Bemporad, 1996). Die Namenshistorie sagt eine Menge über den damaligen (unzureichenden) Forschungsstand aus, denn in Wahrheit kreisen die Gedanken der Betroffenen ständig um das Thema Essen. Teilweise wird das gesamte Dasein ausschließlich auf das Aussehen des eigenen Körpers beschränkt und es stellt sich eine verzerrte Selbstwahrnehmung ein. Getrieben durch die ständige Angst dick zu werden, wird nur noch ein Bruchteil von dem gegessen, was nötig wäre, um ein gesundes Leben führen zu können. Mit einer Mortalitätsrate von 10 % zählt Anorexie zu den gefährlichsten psychischen Störungen überhaupt (Birmingham, 2005).

Es gibt zwei verschiedene Arten der Anorexie: Einen *restriktiven Typus*, bei dem keine Essattacken auftreten und einen *bulimischen Typus*. Meist treten bei letzterem keine „echten" Essattacken auf, da die aufgenommene Kalorienzahl zu gering ist, um der eigentlichen Definition von Binge Eating zu entsprechen.

Achtung: Anorexie wird an dieser Stelle vor allem erwähnt, um vorzubeugen, dass Betroffene des bulimischen Typus Inhalte dieses Buches auf Ihre Situation anwenden. Sollte der Leser

Anzeichen von Anorexie zeigen, ist es lebensnotwendig auf der Stelle in Kontakt mit einer Klinik zu treten und eine Therapie zu beginnen. Zudem durchlaufen viele Menschen, die unter einer Essstörung leiden, oftmals mehrere verschiedene Störungsbilder, weshalb es wichtig ist, schon die ersten Anzeichen für die tödlichste Essstörung richtig deuten zu können.

Atypische Störungen

Bei *atypischen Störungen* handelt es sich um Varianten der drei oben genannten Störungsbilder, bei denen nicht alle Diagnosekriterien erfüllt sind, die aber dennoch Krankheitswert besitzen und entsprechender Behandlung bedürfen. Neben der atypischen Anorexie, der atypischen Bulimie und der atypischen Binge-Eating-Störung, können Mischformen oder *nächtliches Essen* auftreten.

Nächtliches Essen

Beim nächtlichen Essen finden die Essanfälle ausschließlich vor dem Schlafengehen oder bei Schlafunterbrechungen statt (Winkelmann, 1998). Zwar umfassen die Essanfälle im Schnitt lediglich 300 kcal und gehen mit geringerem Kontrollverlust einher. Sie verursachen aber dennoch Stress, da sie die Nachtruhe behindern und Betroffenen das Gefühl geben, nicht einschlafen zu können, bevor sie sich nicht überessen haben.

Körperdysmorphe Störung

Bei der *körperdysmorphen Störung* handelt es sich zwar nicht um eine Essstörung, dennoch weist sie einige Ähnlichkeiten mit Essstörungen auf (Vashi, 2016). Betroffene fühlen sich in ihrer Haut nicht wohl oder gar entstellt. Ihre Gedanken kreisen oft um das eigene Aussehen und so nimmt auch die Beschäftigung mit dem eigenen Körper einen großen Teil des Alltags ein. Dieser Umstand führt zusammen mit Unsicherheit, ebenso wie Scham zu sozialem Rückzug und hält ein verzerrtes Selbstbild aufrecht. Körperdysmorphe Störungen gehen oftmals mit Diäten einher und können dadurch Essattacken befeuern.

2

Essen, Sucht und Zwang

Essstörungen sind unter anderem deshalb mit einem so hohen Leidensdruck verbunden, weil der Themenbereich „Essen" einen zentralen Bestandteil des Lebens darstellt, sodass ihm nicht aus dem Weg gegangen werden kann. Umso wichtiger ist es deshalb, einen Umgang mit Essen zu finden, der langfristig funktioniert, sowie klar zwischen normaler Nahrungsaufnahme und problematischem Essverhalten zu trennen. Nur so kann sichergestellt werden, dass nicht jeder weitere Tag unzählige unangenehme Situationen mit sich bringt.

Die normale Nahrungsaufnahme stellt zugleich den effektivsten Weg dazu dar, Binge Eating aufzulösen (Carter & Fairburn,

1998). Sie stabilisiert Körper und Psyche und untergräbt die Risikofaktoren, durch die ein gestörtes Essverhalten auftritt. Bevor wir uns mit diesen und im Anschluss damit auseinandersetzen, was normales Essverhalten ausmacht und wie Betroffene es in ihren Alltag integrieren können, muss jedoch ein Missverständnis aus dem Weg geräumt werden, dass immer wieder dafür sorgt, dass die Grenzen zwischen normalem und problematischen Essverhalten verschwimmen und das Verständnis für beides getrübt wird. Die Rede ist vom Thema „Sucht".

Binge Eating und Abhängigkeit

Noch immer wird für Binge Eating im Deutschen der Begriff „Esssucht" verwendet. Das ist problematisch, denn diese Benennung sorgt nicht nur für Missverständnisse, sondern behindert auch maßgeblich die Behandlung (Sussman & Sussman, 2011). Wenn Betroffene davon ausgehen, sie wären süchtig nach Essen, erhöht dies oftmals den Druck und verstärkt das Gefühl passives Opfer eines inneren Dranges zu sein, dem durch eigenes Handeln wenig entgegengesetzt werden kann. Das entspricht jedoch nicht der Realität. Wir werden in diesem Abschnitt sehr genau darauf eingehen, weshalb Binge Eating keine Sucht ist und welchen Vorteil es Betroffenen verschafft, sich darüber im Klaren zu sein.

Sucht gilt vielen Medizinern und Psychologen seit längerer Zeit als veralteter Begriff. Auch im ICD-10 (dem renommiertesten internationalen Verzeichnis, das Krankheiten definiert) lässt sich der Begriff „Sucht" nicht finden, stattdessen aber der Begriff „Abhängigkeit".

Sucht war ursprünglich das Nomen für „siechen", also Krankheit im Allgemeinen. So kam auch der Begriff „Magersucht" nicht deshalb auf, weil davon ausgegangen wurde, es bestände eine Abhängigkeit, sondern weil die Betroffenen an ihrer Magerkeit dahinsiechen. Kurioserweise ist diese sehr unspezifische Beschreibung noch immer akkurater als die Auffassung, es würde sich bei Binge Eating um eine Abhängigkeit handeln, wie wir sie z.B. von der Drogenabhängigkeit kennen. Der Begriff Sucht wird mittlerweile unter anderem deshalb abgelehnt, weil er suggeriert, das Problem läge im Inneren der Person, was die Betroffenen nicht nur demoralisiert, sondern auch inhaltlich falsch ist (Sussman & Sussman, 2011).

Zwar gibt es viele Faktoren innerhalb einer Person, die Sucht begünstigen, aber zugleich existieren auch äußere Faktoren, die auf einen Großteil der Personen ähnliche Effekte haben. Von Amerikas Ureinwohnern, über das opiumgeplagte China des 19. Jahrhunderts bis zu den Kaffeeautomaten der heutigen Großraumbüros – Im Laufe der Geschichte waren immer wieder ganze Völker innerhalb weniger Jahre von bestimmten Substanzen abhängig. Davon auszugehen, der Großteil der Menschen sei deshalb von einer Krankheit – der Sucht – befallen, ist also unplausibel.

Der Begriff Abhängigkeit hingegen betont, dass es im Äußeren etwas gibt, zu dem die Abhängigkeit besteht. Das Problem liegt nicht in den inneren Eigenschaften des Betroffenen, sondern an seiner Beziehung zu dem Objekt (oder Zustand) der Begierde. Durch diese neue Art der Betrachtung (in der Wissenschaft spricht man von einem *Paradigmenwechsel*) wurden andere Behandlungsmethoden zum Standard, die mit großen Erfolgen einhergingen und gehen. Diese lassen sich wiederum als Beleg dafür werten, dass die Betrachtung als Abhängigkeit näher an der Realität liegt, als die der Sucht.

Dies bedeutet, dass es sich bei dem Wechsel von „Sucht" zu „Abhängigkeit" nicht um ein bloßes Sprachspiel handelt. Wer von der Wissenschaft als Süchtiger wahrgenommen wird und sich selbst so sieht, hat geringere Erfolgschancen als jemand, der sich auf das Konzept der Abhängigkeit beruft. Lesern dieses Buches, die sich noch als Esssüchtig sehen, sei deshalb dringend dazu angeraten, einen Perspektivenwechsel vorzunehmen und dieses Kapitel bis zum Ende zu lesen um zu erfahren, was wirklich in ihnen vorgeht.

Nach Verwerfen des Suchtbegriffs stellt sich eine neue Frage: *„Ist Binge Eating eine Form der Abhängigkeit?"* Hierzu existieren auch im englischsprachigen Raum – wo der Begriff Binge Eating nicht schon durch den Namen Abhängigkeit suggeriert – viele wissenschaftliche Arbeiten. Die Idee scheint also nicht komplett abwegig zu sein.

Abhängigkeit kann als unstillbares Verlangen nach einem bestimmten Bewusstseinszustand oder Erleben gesehen werden, sodass Essattacken auf den ersten Blick eine Form der Abhängigkeit darstellen könnten. Auch einige Merkmale sind ähnlich: Betroffene leiden unter *Craving* (dem starken Verlangen nach einer Substanzwirkung) und Kontrollverlust. Die Gedanken kreisen zu großen Teilen um das Abhängigkeitsverhalten und auch bei Problemen, gänzlich entstanden wegen des Konsums, wird dennoch weitergemacht. Es erfolgen oftmals viele vergebliche Versuche das Verhalten zu unterlassen und es wird im Geheimen ausgeführt, unter anderem um innere Anspannung abzubauen.

Neben den obigen Gemeinsamkeiten gibt es jedoch auch sehr viele Unterschiede: Binge Eating dreht sich selten um ein oder zwei ganz bestimmte Lebensmittel, auch wenn eine Präferenz für eine gewisse Art von Lebensmitteln (unter anderem: hohe Kaloriendichte, schnelle Zubereitung) vorliegt (Wilson, 1991). Betroffene haben selten einen positiven Bezug zu den Binge Eating Episoden und beabsichtigen eigentlich, den genau gegenteiligen Zustand zu erreichen. Der Punkt, der letztendlich innerhalb der Fachwelt so gut wie immer zum Verwerfen von Binge Eating als Abhängigkeitsverhalten führt, ist der Folgende: Es gibt keine gemeinsame Basis zwischen Abhängigkeitserkrankungen und Binge Eating. Wenn Betroffene und Abhängige dasselbe wären, dann würde man erwarten, dass Menschen, die eine hohe Tendenz zu anderen Abhängigkeiten haben, auch eine hohe Tendenz zum Binge Eating haben und umgekehrt. Dem ist aber nicht so. Unter Betroffenen von Binge Eating befinden sich nicht mehr Abhängige als bei anderen psychischen Problemen. Dementsprechend wurden mit therapeutischen Interventionen für Abhängige auch keine besonderen Erfolge bei Betroffenen des Binge Eating erzielt.

ÄHNLICHKEITEN	UNTERSCHIEDE
Craving	Dreht sich nicht um spezifische Konsummittel (jedoch gibt es eine Präferenz für spezifische Arten von Lebensmitteln)
Kontrollverlust	Kein positiver Bezug zum „Rausch"
Gedanken kreisen vermehrt um ein Thema	Verhalten durch Vermeidungsversuch ausgelöst
Spannungsabbau	Keine erhöhte Affinität zu anderen Suchtmitteln
Mangelnde Problemeinsicht	
Tabuisieren	
Aufrechterhaltung trotz Problemen und Einschränkungen	
Mehrfache gescheiterte Versuche aufzuhören	

Binge Eating und Suchtmerkmale

Binge Eating und Zwangsstörungen

Anders verhält es sich mit Zwanghaftigkeit. Auch Zwanghaftigkeit kann in einer solch gravierenden Form vorliegen, dass psychologische Hilfe vonnöten ist. Wenn Zwangshandlungen dazu führen, dass der Alltag nicht mehr reibungslos abläuft und dadurch Leid beim Betroffenen oder dem näheren Umfeld ausgelöst wird. So ist zum Beispiel seit längerer Zeit bekannt, dass

Zwangsstörungen bei Betroffenen der Anorexie und auch der Bulimie häufiger vorkommen, als bei der Normalbevölkerung (Thiel et al., 1995).

Seit Anfang der 2000er wird auch in Richtung der Binge Eating Störung geforscht und es ergab sich, dass Betroffene von Binge Eating zwar in der Regel weniger zwanghaft sind, als Menschen, die unter einer Zwangsstörung leiden, aber dennoch als zwanghaft genug gelten um auch prinzipiell zu den Betroffenen der Zwangsstörung zählen zu können (Fontenelle et al. 2002). In dieser weiteren Diagnose liegt jedoch nicht nur eine Mehrbelastung, sondern auch ein Lösungsweg verborgen: Anstatt sich vergebens darum zu bemühen eine vermeintliche Sucht zu bekämpfen, können gut erprobte Strategien gegen Zwanghaftigkeit dabei helfen, die Gedankenwelt positiv zu verändern und somit Erleichterung verschaffen.

Vielen Betroffenen hilft es bereits deutlich, zwanghafte Gedanken als solche zu erkennen. Diese machen sich meist als innerer Drang in eine bestimmte Richtung bemerkbar, wobei sich der Fokus immer weiter verengt. So formt sich aus dem ursprünglichen Bedürfnis eine direkte Anweisung („*Ich muss!*"), die dem Betroffenen vorgaukelt, es gäbe nur eine Lösung und Handlungsoption, anstatt vieler verschiedener freier Entscheidungen. So werden zahlreiche Menschen, die unter Zwang leiden, zum Gefangenen ihrer selbst und machen nicht von den vielen Alternativen Gebrauch, die ihnen zur Verfügung stehen.

Bevor wir uns damit befassen, welche Techniken Zwangsgedanken entgegenwirken, müssen wir offenlegen, was Zwangsgedanken verstärkt, denn mit genauer Kenntnis des Problems, lassen sich Lösungsansätze um ein Vielfaches besser anwenden.

3 Scheinlösungen die Zwangsgedanken verstärken

Unterdrückung

Eine der am häufigst gewählten Methoden um Essattacken zu eliminieren besteht darin, die mit ihnen einhergehenden Gedanken und Gefühle zu unterdrücken. Dieser Versuch ist jedoch zum Scheitern verurteilt, da er der Funktionsweise des Gehirns widerspricht. Dieses kann negativen Informationen im Sinne einer Verneinung nicht ohne weiteres als solche verarbeiten und lässt die Negation daher einfach weg. So erscheint bei der Aufforderung *„Stell dir kein Nilpferd vor."* höchstwahrscheinlich ein eben solches in Gedanken. Dies hängt mit der Art zusammen, wie Gedanken entstehen – als Verkettung aktivierender Signale (zur Erläuterung siehe Kapitel 12). Hemmende Signale erscheinen nicht in Form eines Gedankeninhaltes und können auch nicht ohne weiteres durch Worte wie „Kein" oder „Nicht" initiiert werden. So führt der Versuch der Unterdrückung also in Wahrheit zum Gegenteil: Die Gedanken werden stärker (Wegner & Zanakos, 1994).

Vermeidung

Oft werden schwierige Situationen, wie z.B. das öffentliche Baden, das Kennenlernen neuer Menschen, die einen bewerten könnten oder auch das gemeinsame Essen mit Freunden strikt gemieden. Dies mag vorübergehend entlasten, erhöht jedoch langfristig die Angst und engt den Handlungsspielraum und das gesamte Sozialleben massiv ein. Dadurch, dass Situationen, die Angst auslösen könnten, umgangen werden, verschwindet die Möglichkeit sie zu durchleben, positive Erfahrungen zu sammeln und so die Angst zu überwinden. Zwar gibt es Ausnahmen: so ist es beispielsweise zu Beginn der Prävention nützlich, bestimmte Lebensmittel nicht mehr einzukaufen, die mit Essattacken assoziiert sind, jedoch lässt sich das nicht auf den gesamten Heilungsprozess verallgemeinern. Auch der Versuch sich gegen externe Einflüsse zu wappnen und abzusichern, beispielsweise durch das Tragen weiter Kleidung, erhöht die Angst.

Grübeln

Grübeln ist das ausschweifende, um sich selbst kreisende Denken, das nicht nach Lösungen sucht. Es führt dazu, dass einfache Lösungen übergangen und stattdessen komplexe Themenfelder eröffnet werden, an deren Ende im Fall einer Essstörung meist Unzufriedenheit, Verzweiflung und Selbsthass warten. Grübeln kann einen zwanghaften Charakter annehmen und eine weitreichende Verkettung verschiedenster Bilder und Vorstellungen nach sich ziehen, die negative emotionale Zustände verstärken und so die Wahrscheinlichkeit für Essattacken erhöhen (Gold & Wegner, 1995).

Um dem oben Aufgeführten eine handfeste und umfassende Lösung entgegenzusetzen, lassen sich viele Ansätze der kognitiven Verhaltenstherapie anwenden (siehe Kapitel 8). Einer von ihnen ist die *Assoziationsspaltung* (Jelinek et al., 2009).

Assoziationsspaltung gegen Zwangsgedanken

Diese Methode lässt sich auch dazu einsetzen, die Verbindung zwischen Essen und Binge Eating zu verringern und Konzepte wie Körperbild und Liebenswürdigkeit weniger stark voneinander abhängig zu machen. Somit werden aus Gedankenverkettungen, die wie eine Einbahnstraße zum Binge Eating führen, große Kreuzungen an denen auch in andere Richtungen abgebogen werden kann.

Assoziationen sind Gedankenverknüpfungen. Mit dem Thema Gedanken (in Fachsprache „*Kognition*") werden wir uns in Kapitel 12 noch sehr ausführlich auseinandersetzen. Für ein tieferes Verständnis von Assoziationen kann es also behilflich sein dort nachzusehen. Die zuvor genannten Pseudohilfsmittel verstärken die Gedankenverknüpfungen und verschaffen auf emotionaler Ebene zugleich kurzfristige Linderung, wodurch wieder auf sie zurückgegriffen werden muss und so ein Teufelskreis erzeugt wird. Dieser kann jedoch mittels der Assoziationsspaltung durchbrochen werden.

Bei der Assoziationsspaltung werden keine alten Gedankenverbindungen direkt angegriffen, sondern entweder neutrale zu positiven ausgebaut oder gänzlich neue Verbindungen kreiert, die schnell an Kraft gewinnen und so den alten Assoziationen ihre Bedeutung entziehen.

In der Praxis lässt sich die Methode folgendermaßen anwenden:

1. Schriftliches Sammeln negativer Begriffe und Vorstellungen, die immer wieder in ähnlicher Form wiederkehren und zu Körperhass oder dem Bedürfnis führen, einer Essattacke nachzugehen.
2. Auswahl des relevantesten Teils der Begriffe und Vorstellungen (3-10 Stück).
3. Anfertigung einer Mind-Map zu jedem Begriff mit positiven oder neutralen Assoziationen. Damit sie als Assoziation funktionieren, müssen sie inhaltlich oder sprachlich mit dem negativen Begriff / der negativen Vorstellung zusammenhängen.
4. Tägliche Benutzung der Mind-Map, bei der die Begriffe laut ausgesprochen und sich mental so deutlich wie möglich vorgestellt werden. Zuerst wird das negative Wort, das in der Mitte des Mind-Maps steht, genannt, dann jeder Ast mit neuem Wort, der von ihm abzweigt. Es ist wichtig, die Übung im Verlaufe des Tages während Situationen zu wiederholen, in denen keine Belastung durch die jeweiligen negativen Inhalte besteht.
5. Erstellen einer übergeordneten Mind-Map in der alle Begriffe in einen gemeinsamen Zusammenhang gebracht werden.

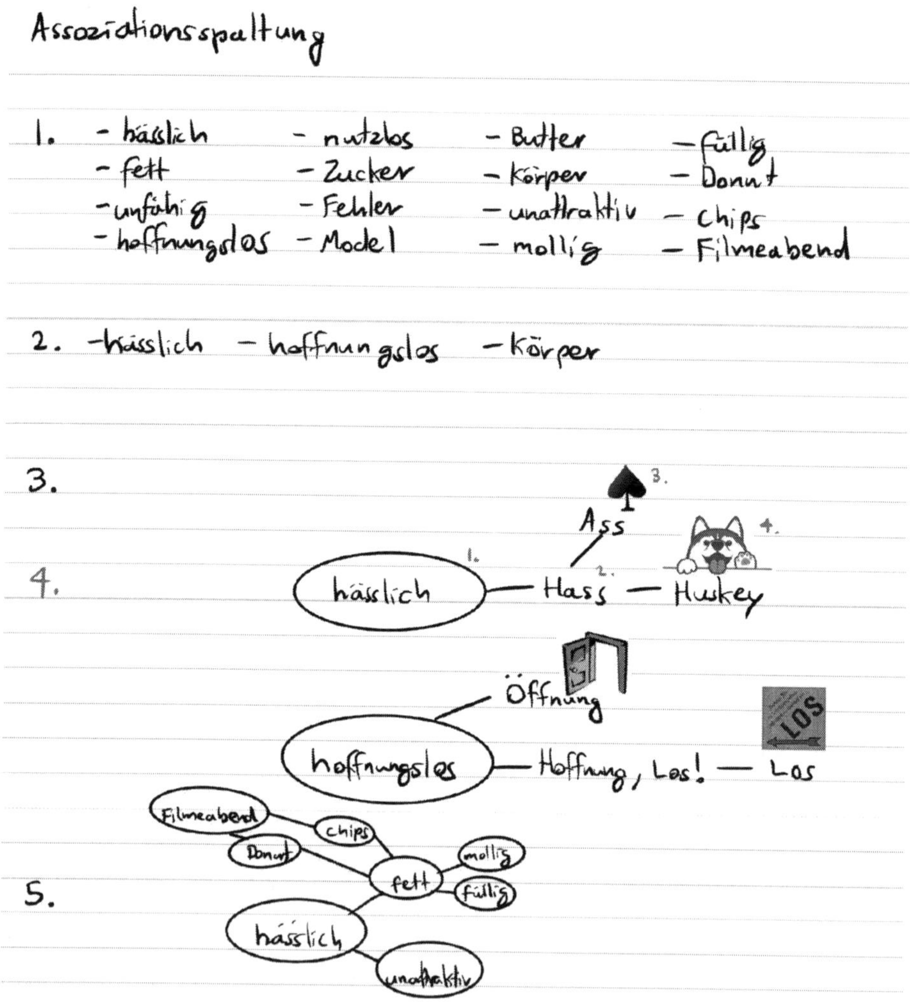

Beispielhafte Anwendung der Assoziationsspaltung

3

Zuordnung und Diagnose

„Bevor ihr euch streitet, klärt die Begriffe." - Konfuzius

Ärzte und Psychotherapeuten verwenden bei jeder psychischen Problematik viel Zeit und Mühe darauf, eine detailliertere Analyse vorzunehmen, bevor die Behandlung beginnt. Dabei geht es nicht darum, den Betroffenen abzustempeln oder in eine Schublade zu stecken, sondern vielmehr darum, der Individualität von Person und Situation gerecht zu werden und die passendste Behandlung zu ermöglichen.

Es gibt nur eine begrenzte Anzahl an wissenschaftlich gesicherten, diagnostischen und therapeutischen Vorgehensweisen, jedoch eine unermesslich große Anzahl unterschiedlicher Psychen. Dies führt dazu, dass es keine perfekte Übereinstimmung zwischen Person und Störungsbeschreibung geben kann, sondern nur eine bestmögliche.

Einige Betroffene schlagen den Vorgang der Diagnose ganz aus, weil Ihnen diese Kategorisierung nicht komplett gerecht wird. Davon ist abzuraten, denn ohne Zuordnung tritt genau das ein, wogegen sich gewehrt wird: Die Behandlung bezieht sich auf ein nicht näher bestimmtes Problem mit Essen und Figur und wird dadurch weniger individuell.

Dieses Buch beschäftigt sich insbesondere mit Binge Eating und den damit einhergehenden Verhaltens- und Denkweisen. Es ist darauf ausgelegt, auch ohne Diagnose anwendbar zu sein. Wer jedoch bereits eine Diagnose erhalten hat, kann diese nutzen um das vermittelte Wissen schneller und effektiver einzusetzen. Damit dieser Vorteil den Lesern, die (noch) keinen Zugriff auf therapeutische Hilfe haben, nicht vorenthalten bleibt, vermittelt der folgende Abschnitt die Grundlagen der Diagnostik. Diese reichen nicht aus, um ein therapeutisches Urteil zu ersetzen, ermöglichen aber eine Zuordnung, die präzise genug ist, um von ihr zu profitieren.

Diagnose nach Manual

Zu Beginn des letzten Kapitels haben wir uns bereits mit jeweils einem Auszug aus den Diagnosemanualen DSM-5 und ICD-10 beschäftigt um zu erfahren, was eine Essattacke ist. Wer diese beiden Klassifikationssysteme überblicken kann, ist dazu in der Lage, alle psychischen Störungen zu unterscheiden und kennenzulernen. So wie der Duden den akkuraten Sprachgebrauch auf Wörter und ihre Bedeutung herunterbricht, werden DSM-5 und ICD-10 verwendet, um den aktuellen Forschungsstand zur Psyche auf wenige Störungsbezeichnungen herunterzubrechen. Nahezu alle psychologisch fundierten Behandlungen bauen darauf auf und auf diese Weise kommt jede ernsthafte Beschäftigung mit Essstörungen und Binge Eating früher oder später auf eines der beiden Verzeichnisse zurück.

„DSM" steht für „Diagnostic and Statistical Manual of Mental Disorders" (zu Deutsch: „Diagnostischer und statistischer Leitfaden psychischer Störungen") und „ICD" für „International Statistical Classification of Diseases (zu Deutsch: „Internationale statistische Klassifikation der Krankheiten"). Die Zahlen „5" und „10" beziffern die Anzahl der großen Überarbeitungen, die das Manual bisher durchlaufen hat. Während das ICD von der World Health Organisation (WHO) herausgegeben und für jede Form von Krankheit verwendet wird, stammt das DSM von der American Psychological Association (APA) und bezieht sich ausschließlich auf psychische Störungen. Die Diagnosen des DSM können problemlos in die Krankheitsbezeichnungen des ICD überführt werden.

Kommen wir nun zu den Definitionen, durch die der Leser herauszufinden kann, von welcher Problematik er am ehesten betroffen ist. Die Selbstdiagnose ist bei psychischen Störungen sehr umstritten, deswegen ersetzen die folgenden Auszüge keine professionelle Diagnose und sollen nur der Orientierung dienen. Anschließend folgt eine spezifische Checkliste, mit der evaluiert werden kann, inwiefern der Leser von Binge Eating als Verhaltensproblematik betroffen ist.

Hinweis zum Urheber: Die folgenden Auszüge stammen aus dem ICD-10-GM (Bundesinstitut für Arzneimittel und Medizinprodukte, 2020).

Diagnostische Kriterien für die Binge-Eating-Störung (F50.8)

A. Wiederholte Episoden von Essanfällen. Ein Essanfall ist durch die folgenden beiden Merkmale gekennzeichnet:

1. Verzehr einer Nahrungsmenge in einem bestimmten Zeitraum (z.B. innerhalb eines Zeitraums von zwei Stunden), wobei diese Nahrungsmenge erheblich größer ist als die Menge, die die meisten Menschen in einem vergleichbaren Zeitraum unter vergleichbaren Bedingungen essen würden.
2. Das Gefühl, während der Periode die Kontrolle über das Essverhalten zu verlieren (z.B. das Gefühl, nicht mit dem Essen aufhören zu können oder keine Kontrolle über Art und Menge der Nahrung zu haben).

B. Die Essanfälle treten gemeinsam mit mindestens drei der folgenden Symptome auf:

1. Es wird wesentlich schneller gegessen, als im Normalzustand
2. Essen bis zu einem unangenehmen Völlegefühl
3. Essen großer Nahrungsmengen, wenn man sich körperlich nicht hungrig fühlt
4. Alleine essen aus Scham über die Menge, die man isst
5. Ekelgefühle gegenüber sich selbst, Deprimiertheit oder große Schuldgefühle nach dem übermäßigen Essen

C. Es besteht deutlicher Leidensdruck wegen der Essanfälle

D. Die Essanfälle treten im Durchschnitt mindestens einmal pro Woche über einen Zeitraum von drei Monaten auf

E. Die Essanfälle treten nicht gemeinsam mit wiederholten unangemessenen kompensatorischen Maßnahmen wie bei der Bulimia nervosa und nicht ausschließlich im Verlauf einer Bulimia nervosa oder Anorexia nervosa auf

Diagnostische Kriterien für Bulimia nervosa (F50.2)

A. Häufige Episoden von Essattacken/Esstaumel (in einem Zeitraum von drei Monaten zumindest zweimal pro Woche) bei denen große Mengen an Nahrung in sehr kurzer Zeit konsumiert werden.

B. Andauernde Beschäftigung mit dem Essen, eine unwiderstehliche Gier oder Zwang zu essen. „Craving"

C. Die Patient*Innen versuchen, der Gewichtszunahme durch die Nahrung mit einer oder mehreren der folgenden Verhaltensweisen entgegenzusteuern:

1. Selbstinduziertes Erbrechen
2. Missbrauch von Abführmitteln
3. Zeitweilige Hungerperioden
4. Gebrauch von Appetitzüglern, Schilddrüsenpräparaten oder Diuretika. Wenn die Bulimie bei Diabetikern auftritt, kann es zu einer Vernachlässigung der Insulinbehandlung kommen.

D. Selbstwahrnehmung als „zu fett", mit einer sich aufdrängenden Furcht, zu dick zu werden (was meist zu Untergewicht führt).

Diagnostische Kriterien für Anorexia nervosa (F50.0)

A. Gewichtsverlust oder bei Kindern fehlende Gewichtszunahme. Dies führt zu einem Körpergewicht, das mindestens 15% unter dem normalen oder dem für das Alter und die Körpergröße typischen Gewicht liegt.

B. Der Gewichtsverlust ist selbst herbeigeführt durch Vermeidung von „fettmachenden" Speisen.

C. Selbstwahrnehmung als „zu fett" verbunden mit einer sich aufdrängenden Furcht, zu dick zu werden. Die Betroffenen legen für sich selbst eine sehr niedrige Gewichtsschwelle fest.

D. Umfassende endokrine Störung der Achse Hypothalamus-Hypophyse-Gonaden; sie manifestiert sich bei Frauen als Amenorrhoe, bei Männern als Interessensverlust an Sexualität und Potenzverlust. Eine Ausnahme stellt das Persistieren vaginaler Blutungen bei anorektischen Frauen dar, die eine Hormonsubstitution erhalten (meist als kontrazeptive Medikation).

E. Die Kriterien A. und B. für Bulimia nervosa (F50.2) werden nicht erfüllt.

Spezifizierung des Typs:

- **Restriktive Form (F50.00):** Anorexie ohne aktive Maßnahmen zur Gewichtsabnahme (Erbrechen, Abführen etc.); auch als asketische oder passive Form des Anorexie bezeichnet.
- **Bulimische Form der Anorexie (F50.01):** Anorexie mit aktiven Maßnahmen zur Gewichtsabnahme (Erbrechen, Abführen etc. u.U. in Verbindung mit Heißhungerattacken); auch als aktive Form der Anorexie bezeichnet.

Die folgende Checkliste stammt nicht aus einem offiziellen Diagnosesystem, sondern wurde für die Leser dieses Buches erstellt.

Checkliste auf Binge Eating Verhalten:

- Mahlzeiten auslassen
- Fasten um abzunehmen

- Sport als Ausgleich für übermäßiges Essen
- Viele Diäten ausprobieren
- So wenig essen, dass noch Hunger da ist
- Essen als Problembewältigung
- Essanfälle
- Nutzung von Abführmitteln oder Entwässerungsmitteln
- Erbrechen herbeiführen
- Überzeugung, dass die Waage den Wert als Mensch anzeigt
- Sich täglich mit Essen und Gewicht beschäftigen
- Extreme Angst vor Gewichtszunahme
- Überzeugung fett zu sein, während das Umfeld vermehrt auch ohne Nachfrage sagt, man sei dünn

Sind mehr als drei Punkte erfüllt, ist die Wahrscheinlichkeit hoch, dass eine Problematik mit Binge Eating vorliegt.

4

Essattacken - Ein offenes Geheimnis

Wer unter Binge Eating leidet, trägt seine Problematik im Regelfall als Geheimnis mit sich herum (Lydecker, 2019). Deshalb ist die Grauziffer der Erkrankten entsprechend hoch. Die Folgen der Geheimhaltung sind verheerend, denn soziale Unterstützung hilft Betroffenen dabei ihren Selbstwert zu stärken und verringert entstehenden Stress. Ein Großteil der Mitmenschen ist mit den Themen und Problemen, die mit Binge Eating verbunden sind, vertraut. Das ist kein Grund zur Freude, doch die Sonnenseite dieses Umstandes ist, dass es weit mehr Verständnis für Betroffene gibt, als diese annehmen. Ein verzerrtes Selbstbild sorgt für

Schuldzuweisung, Scham und das Gefühl unzureichend, alleine und ungewollt zu sein. Diese Vorstellungen begünstigen weitere Essattacken, die wiederum den Selbstwert verringern und das Schamgefühl noch weiter nach oben treiben. Die Konsequenz davon ist eine noch strengere Geheimhaltung und häufig auch ein schlechtes Gewissen, darüber einen Teil seiner Selbst vor den engsten Vertrauten zu verbergen und sich durch Lügen und Ausreden aus der Affäre zu stehlen.

Der „Spickzettel für Hilfe" (siehe letzter Buchabschnitt) unterstützt bei dem Vorhaben, sich seinem Umfeld zu offenbaren und Hilfe zu suchen.

Essanfälle unter der Lupe

Umfang

Eine der beiden Kernelemente, durch die das ICD Binge Eating definiert, ist die überdurchschnittlich hohe Kalorienaufnahme. Hierbei geht es durchschnittlich um 1000-2000 kcal pro Episode (Fairburn, 2013). 25 % der Betroffenen erleben jedoch auch Episoden, die darüber hinausgehen. Die Kalorienmenge ist dabei nur ein Teilaspekt, denn neben den sogenannten *objektiven Essattacken* spielen auch *subjektive Essattacken* eine große Rolle. Hierzu zählen auch Mahlzeiten mit normalen Mengen, die sich aber dennoch wie Binge Eating Episoden anfühlen und daher ähnliche Konsequenzen mit sich ziehen.

Konsum von verbotenen Früchten

Bei Binge Eating Episoden wird verstärkt auf eben jene Lebensmittel zurückgegriffen, zu denen die Betroffenen ohnehin ein schwieriges Verhältnis haben. Strikte Diäten und die Dämonisierung bestimmter Lebensmittel fördern Essattacken, bei denen genau diese „verbotenen Früchte" eine zentrale Rolle spielen. Meist handelt es sich dabei um sehr süße und fettige Snacks mit hoher Kaloriendichte.

Ausmaß

Binge Eating Episoden dauern für gewöhnlich zwischen einer und zwei Stunden, je nachdem, ob im Anschluss Gegenmaßnahmen eingeleitet werden, die den Druck senken und dadurch die Episode verkürzen. Wie häufig Essanfälle auftreten, unterscheidet sich von Person zu Person und stellt nicht den entscheidendsten Faktor dar. Bei der Diagnose dienen Häufigkeit und Dauer in der Regel als pragmatischer Näherungswert, da sich Zahlen problemlos miteinander vergleichen lassen und es so möglich wird, die Gruppe der Betroffenen von jener der nicht Betroffenen zu unterscheiden.

Erleben

Essanfälle fühlen sich zu Beginn für viele Betroffene gut an. Die Aufmerksamkeit fällt weg von den individuellen Sorgen, ebenso wie den starken Selbstzweifeln und richtet sich stattdessen einzig und alleine auf das Geschmackserlebnis. Glückshormone werden ausgeschüttet, Stress und Anspannung lösen sich beinahe komplett auf und ein Leben im Moment wird möglich. Wie von Geisterhand wird mehr Essen aufgenommen und der Absprung fällt immer schwerer, weil der innere Druck zurückkehrt und die Nahrung zunehmend schneller im Mund verschwindet. Die Stimmung kippt, Abscheu und Reue werden präsent, doch häufig ist bereits ein tranceartiger Zustand erreicht, der suggeriert, dass ein Entkommen nicht mehr möglich ist. Der gefühlten Hilflosigkeit wird mit weiterer Ablenkung begegnet: Umherlaufen, Musik hören, Videos schauen und allen voran, weiter essen. Solange, bis der Körper sich einschaltet und durch Völlegefühl oder Schmerzen dazu zwingt den Binge zu beenden. Anschließend beginnt die Reuephase, aus welcher die Ursachen, welche ursprünglich zum Binge geführt haben, noch stärker hervorgehen. Dies lässt einen Teil der Betroffenen so sehr verzweifeln, dass sie von Purging Gebrauch machen.

Purging und andere Gegenmaßnahmen

Purging lässt sich auf drei Gegenmaßnahmen herunterbrechen: Erbrechen, Einsatz von Abführmitteln und Einsatz von Entwässerungsmitteln. Purging wird durchgeführt, um sich leer und sauber zu fühlen und den Druck, der sich nach dem Essanfall aufgebaut hat, wieder loszuwerden. Die gesamte Episode soll rückgängig gemacht werden und so wird zu drastischen Mitteln gegriffen, die kurzfristig wie eine Lösung erscheinen mögen, langfristig betrachtet jedoch das Gegenteil bewirken. Purging erhöht die Wahrscheinlichkeit für Binge Eating, verstärkt dessen Folgen und wird somit schnell zur Gewohnheit. Sobald regelmäßiges Purging auftritt, spricht man von Bulimie.

Erbrechen

Erbrechen ist die meistverwendete Form des Purgings und hat den deutschen Begriff für die Bulimie - die „Ess-Brech-Sucht" geprägt. Ein Grund für das häufige Vorkommen, liegt in dem naheliegenden Irrtum, durch die sofortige Leerung des Magens würde das Essen nicht vom Körper aufgenommen werden. Allerdings ist es selbst bei sofortigem Erbrechen bis auf den letzten Rest so, dass allerhöchstens die Hälfte der Kalorien nicht verstoffwechselt wird (Fairburn, 2013). Meist wird jedoch mehr als die Hälfte der Kalorien aufgenommen, auch wenn am Ende des Erbrechens nur noch Wasser und Magenflüssigkeit ihren Weg an die Oberfläche finden.

Dies ist nur die Spitze des Eisbergs, denn der Körper stellt sich bei regelmäßigem Erbrechen darauf ein, die ihm zur Verfügung stehende Nahrung noch effizienter zu speichern und das Hungergefühl zu erhöhen, was dazu führt, dass die betroffene Person leichter zunimmt und infolgedessen zu noch drastischeren Maßnahmen greifen muss, um dieselbe Wirkung zu erzielen. Dieser Teufelskreis erhält Binge Eating aufrecht und hat langfristig verheerende körperliche Folgen, auf die wir in Kapitel 6 zu sprechen kommen werden.

Abführmittel und Entwässerungsmittel

Laxativa (Abführmittel) und *Diuretika* (Entwässerungsmittel) haben nahezu keine Auswirkungen auf die Kalorienaufnahme (Fairburn, 2013). Abführmittel entfalten ihre Wirkung erst im hinteren Teil des Darms zu einem Zeitpunkt, zu dem der überwältigende Großteil der Nahrung bereits verstoffwechselt wurde. Der Gewichtsverlust, welcher erzielt wird, geht also vollständig auf den Stuhlgang zurück. Bei Entwässerungsmitteln verhält es sich ähnlich. Da der menschliche Körper zu ca. 70 % aus Wasser besteht, kann zwar eine temporäre Gewichtsreduktion stattfinden, diese hat aber keinerlei Auswirkungen auf die eigentliche Körperform. Der Einsatz beider Mittel forciert also lediglich den Toilettengang und hat abseits davon keinerlei Effekt auf das Gewicht, den der gewöhnliche Toilettengang nicht auch hätte. Dem sind sich viele Menschen, die Purging anwenden bewusst, sodass sich die Verwendung zu großen Teilen auf die innere Anspannung zurückführen lässt, der in irgendeiner Weise entsprochen werden muss. So wird aus dem eigentlichen langfristigen Ziel des schlanken Körpers das kurzfristige Motiv so schnell wie möglich den steigenden Druck loszuwerden, der durch zuvor erfolgte Essanfälle entstanden ist.

Andere Gegenmaßnahmen

Neben dem Purging-Typus, gibt es eine zweite Art der Bulimie, bei der die Betroffenen zu anderen Gegenmaßnahmen greifen. Hierzu zählen insbesondere extremer Sport, als auch die Anwendung strikter Diäten. Beides wird mit dem Ziel durchgeführt, die Essattacken wieder gutzumachen und hat den Charakter einer Sanktionierung oder Bestrafung. Aus diesem Grund unterscheiden sich die Vorgehensweisen bedeutend von bewusster Ernährung und körperlicher Ertüchtigung. Viele Betroffene setzen sich ein sehr spezifisches Ziel und hören erst mit körperlicher Aktivität auf, wenn so viele Kalorien verbrannt worden sind, wie zuvor aufgenommen wurden. Beim Diäten-Ansatz werden häufig sämtliche Kalorien, die bei der Binge Eating Episode zusätzlich aufgenommen wurden, von der Essensplanung der nächsten Tage abgezogen. Wie wir ausführlich in Kapitel 10 erörtern werden, erhöht sich dadurch die Auftretenswahrscheinlichkeit von Binge Eating nur noch weiter.

In der Summe führen alle etablierten Gegenmaßnahmen zu einer Verschlimmerung der Problematik und treiben die Überzeugung voran, keine Kontrolle über die eigene Situation zu haben. Der beste Umgang mit Purging und Diäten ist es, beides komplett zu unterlassen.

Bei Abführmitteln gelingt dies Informierten in der Regel recht leicht. Das Absetzen von Entwässerungsmittel führt unter Umständen zu einer vermehrten Wasseransammlung, die es einigen Betroffenen schwer macht, sie nicht erneut einzunehmen. Es handelt sich jedoch um ein Scheinproblem, denn das überschüssige Wasser wird im Verlauf einer Woche ganz ohne äußerliche Einwirkung wieder ausgeschwemmt.

Schwieriger gestaltet sich das Unterlassen von Diäten und Erbrechen. Selbst jenen Betroffenen, die mit der negativen Bilanz von Purging vertraut sind, fällt es oftmals schwer das, was sie auf rationaler Ebene durchdrungen haben, selbstständig anzuwenden. Die gute Nachricht hierbei ist, dass Purging mit demselben Ansatz gelöst wird, wie Binge Eating, weshalb es im Laufe dieses Buches im Rahmen des Risikofaktoren-Ansatzes (Kapitel 9) und der kognitiven Verhaltenstheorie, Platz findet und dort sehr ausführlich thematisiert wird.

5

Ursachen und Gründe für Binge Eating

Die Entstehung für Binge Eating ist komplex und vielseitig. In der Psychologie spricht man von *multifaktoriellen Ursachen*, da neben der psychischen auch hormonelle, genetische, und soziale Aspekte eine Rolle spielen.

Da Emotions- und Stimmungsregulation eines der zentralen Motive für Essattacken darstellt, lag früh ein Augenmerk auf affektiven Störungen, wozu vor allem die Depression zählt. Insbesondere Menschen mit Binge Eating Störung sind hiervon betroffen (Araujo et al., 2010). Meist beginnt ihre Problematik mit gelegentlichem Überessen, das häufig dann auftritt, wenn sie unglücklich oder gestresst sind. Bei Menschen, die unter Bulimie leiden, besteht ein weniger klarer Zusammenhang. Hier entwickelt sich meist aus dem Durchführen einiger Diäten ein langfristig überkontrolliertes Essverhalten, das sich aufgrund seiner starken Restriktionen zwangsläufig in Essattacken äußert (Fairburn, 2013).

Auch traumatisierende Ereignisse werden oftmals in den Fokus gerückt, da die Rate an Todesfällen im näheren Umfeld, Trennungen, elterlicher Disharmonie, Mobbing sowie sexuellen und körperlichen Missbrauchs bei Betroffenen von Essstörungen stark erhöht ist. Jedoch ist die Häufung solcher Vorkommnisse allgemein bei psychischen Störungen gegeben und keine der Essstörungen geht weit über diesen Zusammenhang hinaus. Auch Traumatherapie scheint nicht merklich effektiver zu sein, als bei anderen psychischen Störungen. Somit liegt der Schluss nahe, dass traumatische Ereignisse zwar sehr wohl Essstörungen fördern können, jedoch kein primärer Auslöser sind (z.B. Echeverri-Alvarado et al., 2020).

Da Essen immer in einem familiären Kontext erlernt wurde und auch weiterhin zu großen Teilen in einem solchen stattfindet, kann dieser auch die Störung begünstigen. Entweder wird der suboptimale Essstil direkt von Mitgliedern der Familie übernommen, oft auch über gut gemeinte Ratschläge (z.B. ermutigen Mütter ihre Töchter oft dazu, bei Diäten mitzumachen, die sie selbst bei sich durchführen). Oder aber er wird zur Abgrenzung benutzt (Essstörungen bilden sich am häufigsten im Teenager-

Alter aus) z.B. weil ein korpulentes Familienmitglied den Wunsch auslöst nicht selbst so zu werden, weshalb zu sehr drastischen Diäten gegriffen wird (Fairburn, 2013).

Sehr aufschlussreich sind Studien der Persönlichkeitspsychologie, welche nahelegen, dass ein Zusammenhang zwischen Binge Eating und Persönlichkeitsfaktoren besteht (z.B. Eggert et al., 2007). So sind Betroffene oftmals wenig selbstbewusst, sozial fügsam, sehr gewissenhaft, schüchtern, einsam und haben Schwierigkeiten im sozialen Miteinander aufgenommen zu werden. Zugleich haben sie häufig hohe Selbsterwartungen, sind sehr leistungsorientiert und perfektionistisch. Hinzu kommt nicht selten die große Angst davor, schwach, unnormal oder unangemessen zu wirken, sowie Risiken einzugehen oder etwas Neues auszuprobieren.

Was auf den ersten Blick entmutigend wirken kann, ist in Wahrheit ein breiter Fundus an Ressourcen, deren kontinuierliche Erschließung dabei hilft, Binge Eating erfolgreich zu überwinden. Es handelt sich bei keinem der genannten Faktoren um feststehende Eigenschaften. Schon von sich aus variieren die obigen Punkte innerhalb einer Person im Verlauf des Lebens (Roberts, 2006). Je nach ausgeübter Tätigkeit, Bekanntenkreis und Umfeld wandelt sich das Bild und insbesondere dann, wenn bewusst auf Verhaltensänderung abgezielt wird, wie es beim Anwenden der kognitiven Verhaltenstherapie, der dieses Buch folgt, der Fall ist, wird ein Wandel nicht nur möglich, sondern wahrscheinlich (Hudson, 2015). Zu wissen, welche Persönlichkeitsfaktoren Binge Eating begünstigen bedeutet ebenfalls, die Hebel zu kennen, durch die Binge Eating zurückgedrängt werden kann.

Bevor wir zu den systematischen Ansätzen des zweiten und dritten Buchteils kommen, kann der Leser bereits mit den folgenden Punkten experimentieren und dadurch seine Situation verbessern:

- Eigene Grenzen erkennen, benennen und durchsetzen
- Die eigene Neugier fördern und ein aufrichtiges Interesse für Ungewöhnliches entwickeln
- Neue Beschäftigungen ausprobieren und Erlebnisse sammeln
- Gemeinschaften suchen, in denen ein geteiltes Interesse oder Hobby verbindet
- Vergleiche mit anderen Menschen reduzieren und andere Aspekte vergleichen als die Leistung in einem bestimmten Bereich
- Gewöhnliche Leistungen erbringen und nicht dem Drang nachgeben, nachträglich Änderungen vorzunehmen
- Ein soziales Umfeld meiden, in dem schlecht über andere geredet wird und sich vornehmlich mit Leistungen oder Äußerlichkeiten beschäftigt wird

Auch im praktischen Sinne lassen sich konkrete Verhaltens- und Denkmuster benennen, die Binge Eating fördern und entsprechend häufig bei Betroffenen von Essstörungen vertreten sind (Fairburn, 2013). Die fünf wichtigsten lauten:

- **Strikte Ernährung/Diäten:** Diäten dienen nicht nur bei Betroffenen von Bulimie als Auslöser und Verstärker, sondern zählen auch für Menschen ohne psychische Störung zu den größten Gefahrenquellen für problematisches Essverhalten.
- **Dichotomes Denken:** *Dichotomes Denken* ist der Fachterminus für „Alles-oder-Nichts" bzw. „Schwarz-Weiß" denken. Der psychologische Begriff verdeutlicht, dass es sich hierbei nicht um ein harmloses Einzelereignis handelt, sondern um eine *kognitive Verzerrung*. Das bedeutet, dass derartige Denkweisen ein psychisches Störungsbild aufrechterhalten, da die verzerrte Wahrnehmung keine Korrektur einer bereits bestehenden, falschen Überzeugung zulässt. Infolgedessen wandert alles Neutrale in die schwarze Kategorie. Im Falle von Binge Eating bedeutet dies, dass schon kleine Verstöße gegen die eigenen strikten Regeln, eine sonst makellose Tagesbilanz kippen können und sich infolgedessen Entmutigung und Frustration einstellt.
- **Sorge um Körperform und Gewicht:** Während der Großteil des hier Thematisierten sich darauf bezieht, wie sich Verhaltens- oder Denkmuster bilden, ist die Sorge um den eigenen Körper den zentralen Inhalt, um den sich alles dreht. Im nächsten Buchabschnitt werden wir uns näher mit den Prozessen auseinandersetzen, die diesen Inhalt formen und auf diese Weise den Kern der Ängste kennenlernen.
- **Beziehungsprobleme:** Beziehungsprobleme produzieren stetig negative Emotionen und Gedanken, lösen Stress und Sorgen aus und befeuern dadurch nicht nur das negative

Selbstbild Betroffener, sondern untergraben auch einen konstruktiven Umgang mit den Faktoren, die wir im Laufe dieses Kapitels kennengelernt haben. Da Binge Eating insbesondere für Menschen die an der Binge Eating Störung leiden als Kompensationsmechanismus für negative Gemütszustände dient, gibt es eine eigene Therapieform hierfür. Wir werden sie in Kapitel 13 kennenlernen.

- **Suboptimale Situationen und Lebensumstände**: Genau wie Personen Stressoren darstellen können, sind auch die Lebensumstände relevant, da sie prägen, wie häufig sich ein Individuum gestresst, wohl, einsam oder unter Leistungsdruck fühlt. Ein anspruchsvoller Beruf kann in diesem Sinne sowohl positive, als auch negative Auswirkungen haben, während akute Notsituationen wie Geldknappheit fast immer die Auftretenswahrscheinlichkeit von Essattacken erhöhen.

Entstehung und Aufrechterhaltung

Es gibt viele Menschen, die für einen kurzen Zeitraum unter Essanfällen leiden, bei denen das Problem aber nicht lange bleibt. Somit liegt nahe, dass sich hinter Binge Eating zwei unterschiedliche Prozesse verbergen, die getrennt voneinander untersucht werden müssen: Entstehung und Aufrechterhaltung (Fairburn, 2013). Zwar überschneiden sich beide Felder, insofern, als dass z.B. eine Diät Essprobleme sowohl auslösen als auch aufrechterhalten kann, aber wenn eine Person bereits betroffen ist, muss sich nicht mehr die Mühe gemacht werden, die Entstehung zu verhindern. Umgekehrt können auch Menschen, die noch nicht betroffen sind oder bei denen sich bereits eine Besserung eingestellt hat, durch präventive Maßnahmen geschützt werden.

Die Trennung hilft Forschern dabei, verlässlich Rückschlüsse zu ziehen, denn so lassen sich Faktoren, die vorher nur vermutet wurden, weil sie gehäuft auftreten, im direkten Vergleich messen. Dazu wird die Gruppe der beständigen Binge Eater mit denen verglichen, die den Absprung geschafft haben. So lässt sich erfassen, was Menschen, die noch immer Essattacken haben, ändern müssen, um zu Menschen zu werden, die nicht mehr unter Binge Eating leiden.

Die so gesammelten Faktoren lauten wie folgt:

- Verzicht auf Mahlzeiten um vergangene Fehltritte zu kompensieren
- *Gezügeltes Essverhalten*: Die bewusste Einschränkung der Nahrungsaufnahme um das Körpergewicht zu regulieren
- *Konditionierungseffekte*: Die positive Reaktion auf verfügbares Essen, die sich durch häufiges gemeinsames Auftreten von Essattacken und Spannungsreduktion unterbewusst gebildet hat
- Spannungszustände, die durch Essanfälle reduziert werden sollen.

Die obigen Punkte vermitteln Betroffenen genau das, was sie nicht tun dürfen, wenn sie möchten, dass sich ihre Symptomatik verbessert. Ihnen nicht vollständig jedes Mal nachzugeben ist bereits ein großer Schritt in Richtung Gesundheit.

6

Das Ziel des schönen Körpers

Der schöne Körper ist ein Ideal, nach dem fast jeder strebt. Insofern unterscheiden sich von Binge Eating Betroffene gar nicht so sehr vom Durchschnitt der Gesellschaft. Einzig die Intensität, mit der sich diesem Ideal gewidmet wird, erweist sich als problematisch. Statt körperliche Attraktivität als einen kleinen Teil des Ganzen zu sehen, wird sie für viele zum Kern der eigenen Existenz. So ist es auch vollkommen verständlich, dass drastische Maßnahmen ergriffen werden, um diese Attraktivität zu erzwingen. Zugleich ist durch eben dieses Vorgehen bereits das Scheitern vorprogrammiert, denn aus dem eigentlichen Ziel liebenswürdig zu sein, wird das Streben nach Schönheit, Schönheit wird auf den Körper reduziert und dieser wiederum auf Körperform und Gewicht. Dieses auf Schlankheit und infolgedessen kann jedes weitere Kilo dafür sorgen, dass sich Betroffene unattraktiv, einsam und nicht liebenswert fühlen. Darüber hinaus werden viele blind für die Wertschätzung, Zuneigung und Liebe, die sie in anderen Bereichen des Lebens erfahren. So kann es passieren, dass das, wonach gestrebt wird, schon längst vorhanden ist und sich lediglich nicht im stark verengten Sichtfeld befindet, das durch den Hyperfokus auf den eigenen Körper entstanden ist.

Auch, wenn diese Sichtweise bei Menschen mit Binge Eating Störung nicht so stark ausgeprägt ist wie bei von Bulimie Betroffenen, fällt sie dennoch ins Gewicht, denn dadurch, dass von der Binge Eating Störung Betroffene häufig übergewichtig sind, fällt es schwer angemessene und unangemessene Unzufriedenheit mit dem eigenen Körper auseinanderzuhalten. So fällt zwar die Obsession und das Idealstreben geringer aus, doch dafür steigen Scham und Vermeidung. Betroffene schauen nur ungern in den Spiegel oder vermeiden es, sich zu wiegen.

Unzufriedenheit mit dem eigenen Körper

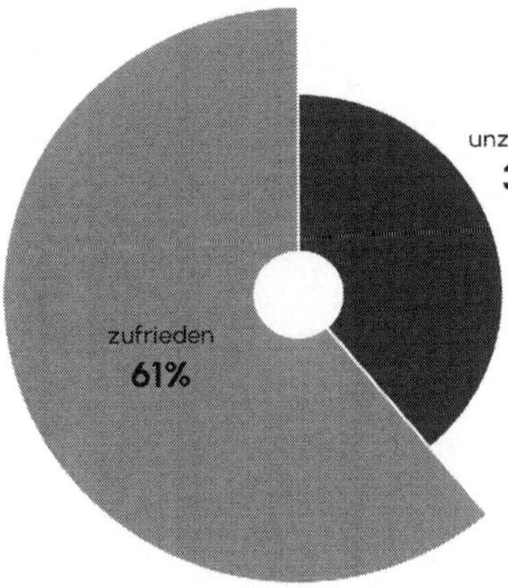

Quelle: *Statista-Umfrage „Sport & Fitness 2018"*

Diätversuche gegen Körper-Unzufriedenheit

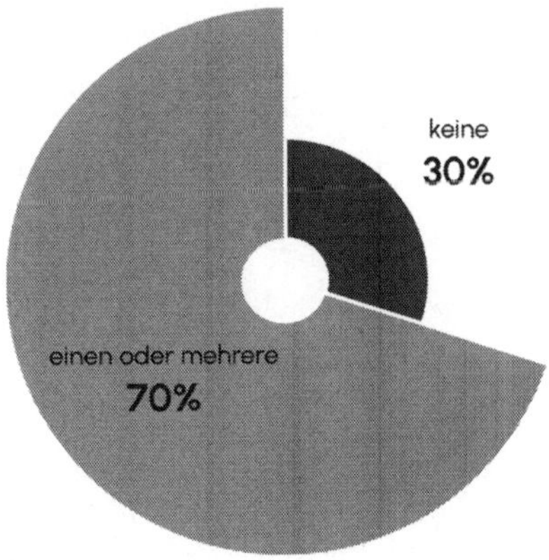

Quelle: *Appinio-Umfrage „Ernährung Fitness und Diäten 2018"*

Lebenslange Prävalenz von Essstörungen

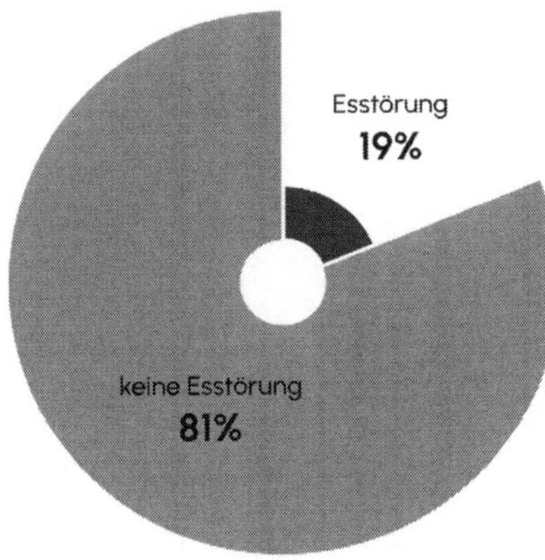

Quelle: *Übersichtsarbeit zur Prävalenz von Essstörungen von Dahlgren et al.*

Unzufriedenheit mit dem eigenen Körper ist verbreiteter, als weithin vermutet. Weniger als die Hälfte der Deutschen ist mit ihrem Aussehen zufrieden. Jedoch leidet nur ein Bruchteil unter Essstörungen (Dahlgren, 2017). Das ist für Betroffene ein Grund zur Freude, denn es zeigt, dass es nicht zwingend notwendig ist, den eigenen Körper attraktiv zu finden, um problematisches Essverhalten ablegen zu können. Weder die Vorstellung, eine Anpassung des eigenen Gewichts würde sämtliche Probleme lösen, noch die, auf Attraktivität solle keinerlei Rücksicht genommen, sind tragfähige Lösungsansätze. Erfolgreiche Ansätze beruhen stattdessen darauf, den Themen Körper und Essen wieder das richtige Maß im Verhältnis zum Rest des Lebens zuzuweisen.

Der Körper als Symbol

Da wir in einer stark vergeistigten Gesellschaft leben und körperliche Arbeit immer weiter abnimmt, werden Körper seltener in einem praktischen Kontext gesehen. Somit wächst die Betrachtung des Körpers als Symbol und Medium für abstrakte Werte wie Zuverlässigkeit, Disziplin, Intelligenz, etc.

Die größte biologische Komponente, die weiterhin erhalten bleibt ist „Attraktivität" und auch diese ist stark von der Gesellschaft geprägt - wenn auch nicht so stark wie weithin vermutet. Vorab sei gesagt: nicht jeder Körper wirkt auf die Norm der Gesellschaft schön, aber annähernd jeder Körper hat das genetische Potenzial dazu, attraktiv zu sein. Und das vollkommen ohne rabiate Methoden wie Diäten oder Purging.

Der Schlüssel um dieses Potenzial zu entfalten liegt, evolutionsbiologisch begründet, in der eigenen Gesundheit. Wer Attraktivität über die eigene Gesundheit stellt, läuft also Gefahr ungesund zu werden und dadurch sein Ziel nicht zu erreichen. Genau gegenteilig verhält es sich, wenn die eigene Gesundheit priorisiert wird. Die Überwindung von Binge Eating schlägt also zwei Fliegen mit einer Klappe. Betroffene Leser sind auf dem richtigen Weg und können ungemein davon profitieren, mit der Lektüre nicht nur zu einem attraktiven Körper finden zu wollen, sondern sich mit ihrer eigenen Gesundheit angemessen auseinanderzusetzen.

Für viele Betroffene spielt die Form ihres Körpers eine prominente Rolle. Durch genetische Unterschiede hat jeder Mensch eine andere Komposition. So unterschiedlich, dass die Lehre fester Körpertypen zwar auf eine über hundertjährige Geschichte zurückblicken kann, aber im wissenschaftlichen Diskurs von heute keinerlei Rückhalt mehr findet (Vertinsky, 2007). Statt genauen Trennlinien und unterschiedlichen Kategorien, lassen sich Körper nur in einem breiten Spektrum ansiedeln, dessen Verlauf der Normalverteilung folgt. Das bedeutet, dass der Großteil der Menschen durchschnittlich attraktiv ist und es nur sehr wenige Ausreißer nach oben oder unten gibt.

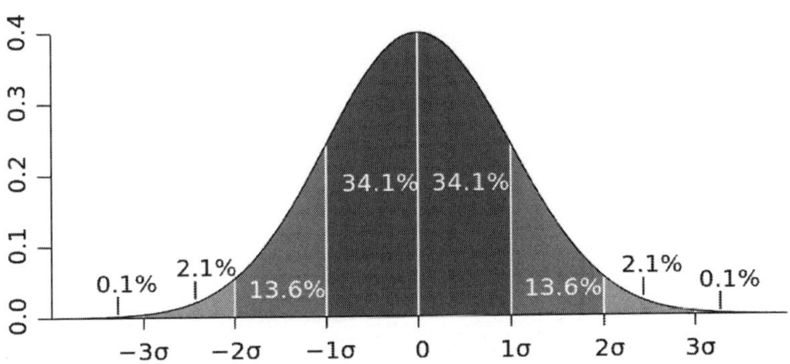

Bild einer Normalverteilung: Der griechische Buchstabe Sigma (σ) steht für „Standardabweichung" und gibt die Abweichung von der Norm an. Die Prozente beziffern die Wahrscheinlichkeit mit der ein Individuum in den jeweiligen Bereich fällt.

Daraus folgen drei Dinge:

1. Es ist nahezu unmöglich den exakten Körperbau einer Person zu erreichen, mit der keine direkte Verwandtschaft besteht.
2. Nahezu niemand (unter 0.1 % der Menschen) ist genetisch dazu verdammt, einen Körper zu haben, der so stark von der biologischen Norm abweicht, dass er unattraktiv wirken würde.
3. Nur sehr wenige Ausnahmen (ebenfalls unter 0.1% der Menschen) haben das genetische Potential dazu annähernd perfekt auszusehen.

Das Problem ist also weniger die objektive Attraktivität des Körpers, als vielmehr die subjektive Wahrnehmung der Person, die in ihm steckt. Das Ziel einen schönen und gesunden Körper zu haben kann mit etwas Aufwand erreicht werden, doch der Idealkörper mit ganz spezifischen Merkmalen anderer Personen, ist unerreichbar und nicht auf persönliches Versagen zurückzuführen. Sich mit der eigenen Grund-Körperform abzufinden ist ein wichtiger Teil der Bewältigung von Essstörungen.

Natürlich kann die Form des Körpers auch abseits des biologischen Bauplans verändert werden. Hier handelt es sich aber vielmehr um eine andere Ausprägung desselben Körpers, anstatt um einen „neuen" Körper. Dies mag selbstverständlich erscheinen, jedoch versuchen sehr viele Betroffene ihr komplettes Erscheinungsbild grundlegend zu ändern, sodass es sehr wichtig ist eine klare Trennlinie zwischen dem zu ziehen, was wandelbar ist und dem was sich nicht wandeln lässt.

Der wandelbare Teil lässt sich durch zwei Wege anpassen: Fettabbau und Muskelaufbau. Betroffene sehen oftmals den ersten Weg als einzige Lösung, dabei ist der zweite deutlich zielführender, und wird unter Umständen sogar durch den Fokus auf Fettabbau behindert. Muskelaufbau ist nur ohne großes Kaloriendefizit langfristig möglich und sorgt nicht nur dafür, dass der Körper gut aussieht, sondern stärkt auch das Selbstbewusstsein, Körpergefühl und Gesundheit.

Ein Grund, weshalb sich die Behandlung von Essstörungen komplex gestaltet ist, dass nicht nur Untergewicht und Übergewicht negative Folgen haben. Selbst vermeintliches Idealgewicht kann problematisch sein, wenn es z.B. durch Purging erreicht wurde oder enormer Aufwand nötig ist um es zu halten. Bevor wir uns im nächsten Kapitel mit dem Gegenmodell hierzu auseinandersetzen, verdeutlichen wir, was die jeweiligen Folgen eines gestörten Essverhaltens sind.

Folgen von Übergewicht

Übergewicht wird in der Medizin meist im Kontext von *Adipositas* untersucht. Bei Adipositas handelt es sich per Definition um krankhaftes Übergewicht, das die Wahrscheinlichkeit für weitere Beschwerden wie Herz-Kreislauf und Stoffwechselerkrankungen, sowie Krebs massiv erhöht. Adipositas führt zu ähnlich vielen Gesundheitsprobleme und Todesfällen, wie Rauchen (z.B. Engeland et al, 2004). Die WHO bezeichnet Adipositas deshalb als eines der schwerwiegendsten Probleme für die öffentliche Gesundheit im 21. Jahrhundert (World Health Organization,

2020). Ebenso macht die WHO deutlich, dass die Anzahl von Adipositas betroffenen Personen stetig steigt und dass immer mehr Personen von einem ungesunden Essverhalten und Lebensstil betroffen sind und sein werden.

Die Folgen von Übergewicht sind besonders dadurch gefährlich, dass sie sich nicht unmittelbar und direkt erleben lassen. Anders als bei einem gebrochenen Bein verläuft die Problematik schleichend und die sichtbaren Einschränkungen wie Kurzatmigkeit und Rückenprobleme sind nur die Spitze des Eisbergs. Der Großteil der Schäden wird über andere Krankheitsbilder ausgetragen, die ohne das Übergewicht gar nicht erst aufgetreten wären. Ein aussagekräftiges Beispiel hierfür sind Herzerkrankungen. Sie sind die Todesursache Nummer Eins in Deutschland und treten bei Adipositas-Patienten beinahe dreimal so häufig auf, wie bei Normalgewichtigen (z.B. Gößwald et al., 2013).

Übergewicht zwingt das Herz dazu, sich zu vergrößern, damit es dazu in der Lage ist den umfangreicheren Körper ausreichend zu durchbluten (Alexander, 2001). Dabei weiten sich die Herzkammern, wodurch mehr Druck nötig ist um das Blut durch den Körper zu pumpen. Dieser Bluthochdruck führt dazu, dass sich Fett und Kalk in den Arterien ablagern, wodurch diese enger werden und weniger Blut hindurch strömen lassen. Dadurch bilden sich Klumpen, die weitergetragen werden und am Ende dafür sorgen, dass sich Arterien verschließen. Die Folge hiervon sind oft Schlaganfälle und Herzinfarkte.

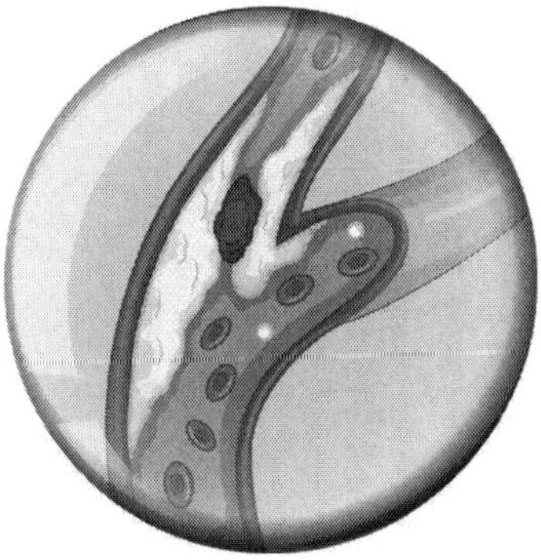

Verklumpen der Arterien bei Arterisosklerose

Das obige Beispiel zeigt wie unmittelbar sich Übergewicht auswirkt und was eigentlich hinter Aussagen wie „erhöhte Wahrscheinlichkeit für Arteriosklerose" steckt. Warnungen, die aus Wahrscheinlichkeitsaussagen und Fachbegriffen bestehen sind problematisch. Sie wirken abstrakt und lösen daher nicht den Handlungsdruck aus, den sie eigentlich veranlassen sollten; denn was sie bezeichnen ist genauso real wie ein Beinbruch.

Stellen wir uns den Körper als Stadt vor, und die Arterien als Straßen, die Transportern ermöglichen, Lebensmittel in Supermärkte und Läden zu liefern. Solange hin und wieder ein Unfall passiert und jeder tausendste Laden nicht beliefert werden kann, ist dies kein Problem für die gesamte Stadt. Wenn die Wahrscheinlichkeit für Verkehrsunfälle jedoch um ein Hundertfaches erhöht wird, weil plötzlich das Ampelsystem ausfällt, hat ein großer Teil der Stadtbewohner mit massiven Problemen zu kämpfen. Wenn nun auch noch jeden Tag hunderte Verkehrsschilder entfernt werden, dann ist es nur eine Frage der Zeit, bis es zu Hungersnöten kommt. Auch, wenn sich die Wahrscheinlichkeit eines Verkehrsunfalls um 1 % am Tag erhöht, reicht dies bei genügend Zeit aus, um jede beliebige Stadt zu zerstören.

Übergewicht erhöht nicht nur die Wahrscheinlichkeit für Herzkrankheiten, sondern auf ähnlich komplexen Wegen auch die Wahrscheinlichkeit für Krebs, Atemwegsstörungen, Diabetes und viele weitere Krankheiten. Viele Betroffene von Binge Eating sind gut über diese Zusammenhänge informiert und nutzen sie, um sich selbst unter Druck zu setzen. Wenn die Lektüre dieses Buchabschnitts Gefühle des Drucks, der Hilflosigkeit oder Frustration und Wut ausgelöst hat, ist das gut nachvollziehbar und ein Hinweis darauf, dass der nächste Abschnitt mit besonderer Aufmerksamkeit gelesen werden sollte.

Folgen von Untergewicht

Auch Untergewicht ist als alles andere als harmlos. Insbesondere wenn es im Zusammenhang mit Anorexie auftritt, ist ein tödlicher Ausgang ohne Behandlung äußerst wahrscheinlich (Mickley, 1999).

Wie auch beim Übergewicht ist das Herz schnell betroffen, allerdings nicht durch Arteriosklerose, sondern, weil der Körper im Falle von Komplikationen nicht auf genügend (Energie-)Reserven zurückgreifen kann. Häufig schlägt das Herz langsamer und das Blut kann sich nicht ausreichend im Körper verteilen. Durch den daraus resultierenden Sauerstoff- und Nährstoffmangel in den Organen, entstehen häufig Übelkeit, Schwindel und Kopfschmerzen. Auch Bewusstlosigkeit kann im Ernstfall eintreten.

Untergewicht macht auch vor dem Gehirn nicht halt: Das Gewebe des Gehirns besteht aus weißer und grauer Masse. Beide nehmen durch das Kaloriendefizit ab, was sämtliche Funktionen des Gehirns beeinträchtigt. Das spiegelt sich auch unmittelbar in der Intelligenz wider, die temporär beeinträchtigt wird. Neben Denkproblemen stellen sich auch Emotionsprobleme ein: schlechte Stimmung, leichte Reizbarkeit und sozialer Rückzug sind genauso an der Tagesordnung wie Konzentrationsprobleme und Zwangsgedanken - die sich vornehmlich um die Themen Essen und Körper drehen und so den Teufelskreis noch weiter befeuern.

Dazu gesellen sich Hormonprobleme: Ausbleibende Libido bei beiden Geschlechtern, sowie Unfruchtbarkeit und Ausbleiben der Menstruation, da diese einen gewissen Anteil an Körperfett benötigt. Zudem wird der Schlaf kürzer und weniger erholsam. Die Körpertemperatur senkt sich, Knochen und Muskeln werden schwächer, sodass selbst Treppenlaufen und Aufstehen anstrengend werden. Der Körper erhöht die Effizient mit der Nahrung verarbeitet wird, weshalb sich selbst bei kleinen Mahlzeiten ein Völlegefühl einstellen kann. Die Geschmackswahrnehmung verändert sich.

Auch das Aussehen wird in Mitleidenschaft gezogen: die Haut trocknet aus und verfärbt sich unter Umständen sogar leicht. Das Kopfhaar fällt vermehrt aus. Stattdessen bilden sich feine Härchen - das sogenannte Wollhaar - an Gesicht und Körper, um der Auskühlung des Körpers entgegenzuwirken, die auf das fehlende Untergewicht zurückzuführen ist.

Normalgewicht als Lösung

Es ist allgemein bekannt, dass sowohl starkes Übergewicht, als auch starkes Untergewicht nicht gesund sind. Dieses Wissen ist jedoch nicht detailliert genug, um eine geeignete Zielsetzung zu entwickeln. Deshalb wurden von der Medizin verschiedene Methoden entwickelt, die individuelle Merkmale miteinbeziehen. Die bekannteste von ihnen ist der *Body Mass Index* (BMI).

Der BMI setzt das Körpergewicht in Relation zur Körpergröße. Der daraus entstehende Wert wird mit den Werten der Gesamtbevölkerung verglichen, sodass eine Aussage darüber getroffen werden kann, inwiefern das Gewicht vom Durchschnitt abweicht. Da die Körpergröße nur ein Faktor ist, ist der BMI in dieser Form noch recht ungenau. Um dem entgegenzuwirken wird die Vergleichsgruppe angepasst. Statt also einen 30-jährigen mit Männern und Frauen aller Altersklassen zu vergleichen, wird er mit anderen Männern seines Alters verglichen.

Zu Recht wird an diesem Vorgehen kritisiert, dass es noch immer zu pauschalisierend ist. So wird beispielsweise nicht differenziert, woraus sich das Körpergewicht zusammensetzt. Ein ambitionierter Kraftsportler wird zum Beispiel durch seine Muskulatur als leicht übergewichtig eingestuft, obwohl diese ihn gesünder macht, als andere Menschen, bei denen sich dasselbe Körpergewicht primär aus Fett zusammensetzt.

Doch trotz seiner Schwächen hat der BMI Aussagekraft. Dies zeigt sich nicht zuletzt im Rahmen der bedeutendsten *Meta-Studie* zum Thema Übergewicht und Mortalität (Di Angelantonio et al., 2016). Meta-Studien fassen den aktuellen Forschungsstand zusammen, indem sie die verlässlichsten Studien zu einer Fragestellung gemeinsam auswerten und so von einer immensen Datenmenge profitieren, aus der deutlich akkuratere Schlüsse gezogen werden können, als aus den Daten einer einzigen Studie. In diesem Fall zeigte sich, dass nicht erst starkes Übergewicht oder Untergewicht gesundheitsschädlich sind. Das Risiko vorzeitig zu sterben erhöht sich kontinuierlich sobald sich eine Person aus dem Normalbereich heraus bewegt. Der Normalbereich liegt zwischen einem BMI-Wert von 20 und 25. Mit jedem 5er Schritt steigt das Risiko um ein weiteres Drittel, sodass sich bei einem BMI zwischen 35 und 40 das Sterberisiko im Vergleich zu Normalgewichtigen verdoppelt. Noch viel drastischer verhält es sich mit dem Untergewicht. Ab einem BMI-Wert von unter 15 verdreifacht sich das Risiko. Anders als die offiziellen Richtlinien suggerieren, zählt bereits ein Wert zwischen 18,5 und 20 nicht mehr zum gesunden Normalgewicht und erhöht das Sterberisiko um ein Drittel.

Das Ziel sollte also aus gesundheitlicher Sicht darin liegen, Normalgewicht zu erreichen und dieses langfristig halten zu können. Dabei sind Schwankungen zwischen 20 und 25 vollkommen normal und unbedenklich. Es gibt also keinen medizinischen Grund dafür, sich beim eigenen Gewicht auf einen festen Wert zu konzentrieren. Auch aus psychologischer Perspektive ist es effektiver und gesünder einen ganzen Bereich ins Auge zu fassen. So wird das Thema Gewicht nicht umschifft oder überbetont, sondern auf eine rationale, biologische Basis gestellt, auf die Verlass ist. Dem für Binge Eating typischen Alles-oder-Nichts-Denken, wird dadurch vorgebeugt.

Nachdem thematisiert wurde, dass ein bestimmter Gewichtsbereich am gesündesten für den menschlichen Körper ist, muss betont werden, dass dieser Gewichtsbereich ohne Purging erreicht werden muss und es auch deutlich einfacher ist, ihn ohne Purging zu halten (Fairburn, 2013). Das oberste Ziel für Betroffene ist noch immer die Lösung von Binge Eating. Dabei sind die Folgen von Übergewicht und Untergewicht nur insofern relevant, als dass sie weitere gute Gründe liefern, dieses Ziel zu erreichen. Denn wer unter Binge Eating leidet, ist vor allem deshalb gut vertraut mit ungesunden Versuchen der Gewichtsregulation, weil dieses ohne Purging fast immer zum verhassten Übergewicht führt. Findet jedoch Purging statt, sind dessen Konsequenzen umso dramatischer, weil durch Purging zwangsläufig langfristig Essattacken hervorgerufen werden.

Folgen von Binge Eating

Unmittelbar nach einer Binge Eating Episode fühlt sich der Großteil der Betroffenen unwohl und aufgeschwemmt (Fairburn, 2013). Vereinzelt kommt es zu Schmerzen und Atemlosigkeit, da der Magen sich ausdehnt und auf den Darm drückt. Im Extremfall kann es sogar passieren, dass die Magenwand reißt. 25-50% der betroffenen Frauen entwickeln Menstruationsbeschwerden. Das Risiko für Leber- und Nierenversagen steigt genauso wie das für Herz- und Magenschleimhautschäden. Auch Verdauungsprobleme wie Blähungen, Verstopfung und Durchfall sind typisch.

Folgen von Purging

Durch selbst induziertes Erbrechen wird der Zahnschmelz abgetragen (Fairburn, 2013). Dies kann weder durch Ausspülen des Mundes mit Wasser noch durch irgendeine andere Substanz verhindert werden und hinterlässt bleibende Schäden, die nicht rückgängig zu machen sind. Der einzige Weg den verbleibenden Zahnschmelz zu schützen ist, mit dem Purging aufzuhören.

Durch selbstinduziertes Erbrechen können sich auch die Speicheldrüsen entzünden und anschwellen. Oft ist die Ohrspeicheldrüse betroffen, was die Wangen größer und das Gesicht runder und breiter wirken lässt. Anders als beim Zahnschmelz ist diese Problematik nur temporär und die Schwellung nimmt wieder ab, sobald die Essattacken ausbleiben.

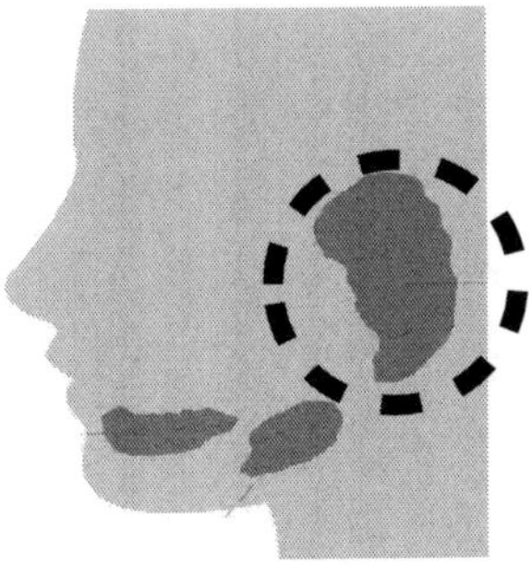

Position der Ohrspeicheldrüse

Falls Gegenstände verwendet werden, um das Erbrechen herbeizuführen oder die Nägel der verwendeten Finger besonders lang sind, kann dadurch der Rachenraum geschädigt werden. Selten kann es auch zur Verletzung der Speiseröhre kommen, sodass Blut erbrochen wird. In diesem Fall muss unter allen Umständen ein Arzt aufgesucht werden.

Ein sehr häufiger Folgeschaden ist *Elektrolytungleichgewicht*. Dieses tritt durch selbstinduziertes Erbrechen auf, vor allem aber durch Abführ- und Entwässerungsmittel. *Elektrolyte* sind Mineralstoffe, die den Wasserhaushalt stabilisieren und das Verhältnis von Säuren und Basen regulieren. Da der Wasserhaushalt durch Purging auch auf direktem Wege beeinträchtigt wird, kommt es leicht zu extremen Durst und Schwindel sowie einem beständigen Gefühl von Schwäche und Lethargie. Die Folgen können jedoch noch weitreichender sein: Anschwellen von Gliedmaßen, Muskelkrämpfe und vereinzeltes Auftreten epileptischer Anfälle werden begünstigt. Doch auch hier gilt erfreulicherweise: sobald langfristig auf das Purging verzichtet wird, geht der Körper wieder in den Normalzustand über.

Die psychischen Folgen von Binge Eating und Purging werden von Medizinern oftmals übergangen, sind aber für viele Betroffene noch verheerender als die körperlichen Konsequenzen. Denn während die körperlichen Folgen, sich oftmals erst nach einiger Zeit sehr deutlich zeigen und jeder weitere Vorfall die Wahrscheinlichkeit weiter in die Höhe treibt, treten die psychischen Konsequenzen in der Regel sofort ein und bestärken das Störungsbild.

Scham, Selbstwertprobleme und ein Gefühl der Machtlosigkeit werden durch Binge Eating und Purging massiv erhöht, worunter auch die Alltagsführung und insbesondere soziale Kontakte leiden. Es wird viel Zeit und Mühe darauf verwendet sich selbst zu verurteilen und in eine Opferrolle zu drängen, welche das eigene Selbstverständnis schädigt und die Normalisierung von Körper und Essen erschwert.

Das Ziel sollte also sein Binge Eating, um jeden Preis zu unterbinden und so ein Normalgewicht in einem Bereich zwischen 20 und 25 halten zu können, ohne auf Purging zurückgreifen zu müssen. Die Folgen, die in diesem Kapitel aufgezeigt wurden, veranschaulichen gut, dass jeder andere Weg die Gesundheit von Körper und Psyche stark beeinträchtigt.

Die Sorgen rund um den eigenen Körper beeinflussen nicht nur das Essverhalten, sondern bringen auch weitere Verhaltensweisen zum Vorschein:

Bodychecking

Beim *Bodychecking* wird nicht nur der Körper als ganzes betrachtet, sondern es werden kritisch bestimmte Stellen überprüft – (vermeintliche) Problemzonen, die als Beweis für das negative Selbstbild gewertet werden (Fairburn, 2013). Bei der Überprüfung wird bisweilen an der eigenen Haut gezogen, um zu testen, wie straff sie ist. Der Sitz von Kleidungsstücken und Accessoires wird überprüft um zu ermitteln, ob sich etwas am eigenen Körper geändert hat. Bodychecking wird schnell zur Gewohnheit und läuft so automatisch ab, dass es nicht mehr als selbstschädigendes Verhalten erkannt wird. Dabei ist das Ergebnis von Bodychecking schon vor der eigentlichen Überprüfung klar. Nach dem *Bestätigungsfehler* (Confirmation Bias) suchen Menschen aktiv nach Informationen, die ihre Erwartungen bestätigen (Oswald, 2004). Gegenteilige Informationen werden ausgeblendet ohne dass die Person es bemerkt. Auf Bodychecking angewendet bedeutet das: Wer Fett sucht, findet Fett.

Weight Checking

Weight Checking, also die Überprüfung des eigenen Gewichts ist eine Unterart des Body Checking, die auch in der Mehrheitsgesellschaft sehr verbreitet ist. Anders als beim Überprüfen bestimmter Körperteile, wird sich hierbei allerdings mit (Kilo-) gramm auf ein objektives Maß bezogen, was Vor- und Nachteile mit sich bringt. Einerseits können Normalgewichtige so darauf aufmerksam werden, dass Abnehmen aus medizinischer Sicht nicht nötig ist, andererseits finden auch leicht Übergewichtige eine vermeintlich neutrale Grundlage, um sich selbst zu verurteilen. Anstatt das eigene Gewicht als den groben Richtwert zu sehen, der es ist, wird diese eine Zahl für viele zum bedeutendsten Indikator der eigenen Liebenswürdigkeit und Selbstachtung. In derselben Weise in der viele täglich ihren Social Media Feed frequentieren um eine (nicht immer positive) Reaktion auf sich zu erhalten, beginnt der Tag vieler Betroffener mit einem Blick auf die Wage.

Auch wenn es sich beim eigenen Körpergewicht um objektive Daten handelt, sorgt die Art wie sie interpretiert werden nur selten dafür, dass sie objektiv bleiben. Das macht sie noch gefährlicher, denn während sich Betroffene oftmals zumindest zum Teil darüber bewusst sind, dass sie mit reinem Augenmaß nicht immer fair gegenüber sich selbst vorgehen, gilt die Anzeige der Waage als unumstößlicher Beweis für den eigenen Wert.

Doch auch das Meiden von Waagen schafft langfristig keine Abhilfe, denn so wird dennoch spekuliert und die Sorge das falsche Gewicht zu haben nur noch mehr zum Thema. Das Ziel der Behandlung ist es auch hier, das Verhalten zu normalisieren, indem die Waage auf ihren eigentlichen Zweck reduziert wird: langfristige Veränderung durch vereinzelte Stichproben feststellen. Die täglichen Gewichtsschwankungen, auf die sich ein großer Teil von Betroffenen konzentriert, sind nicht aussagekräftig, denn sie sind zu einem großen Teil auf die Schwankungen des Körperhaushalts zurückzuführen (Fairburn, 2013). Da ca. 70 % des menschlichen Körpers aus Wasser bestehen, schwankt das Gewicht innerhalb eines Tages alleine dadurch um bis zu 1,5 Kg. Tägliches Wiegen erhöht also nicht nur die Wahrscheinlichkeit von Binge Eating Episoden, sondern hilft auch nicht dabei, die Entwicklung des eigenen Körpers genauer zu verfolgen. Selbst wer nicht unter einer Essstörung leidet und sehr an der Entwicklung des eigenen Körpers interessiert ist, hat keinerlei Grund sich öfter als einmal in der Wochen zu wiegen. Wer unter Binge Eating leidet, hat viele gute Gründe sich höchstens so oft zu wiegen.

Bodychecking beschränkt sich selten nur auf den eigenen Körper. So werden beispielsweise die Waden vorbeilaufender Jogger oder die Wangenknochen von Models in Magazinen betrachtet. Was diese Verhaltensweise erst so schädlich macht ist, das hinter ihr stehende Kategoriensystem, welches suggeriert der Wert eines Menschen hinge im Wesentlichen von seiner Erscheinung, respektive seinem Körper ab. Diese Annahme erstreckt sich auch auf die Betrachtung anderer Menschen, wobei allerdings nur in wenigen Fällen Menschen mit einem „unschönen" oder

„normalen" Körper beachtet werden. Meist handelt es sich um sogenannte *aufwärtsgerichtete Vergleiche* (McComb & Mills, 2021). Also Vergleiche mit erfolgreichen und für die Norm, ungewöhnlich attraktiven Menschen. Was insofern relevant ist, als dass gesunde Menschen für gewöhnlich deutlich häufiger Vergleiche in die andere Richtung verwenden und daraus Selbstwert zu ziehen und ihre Stimmung zu verbessern. Entsprechend kommen aufwärtsgerichtete Vergleiche häufiger bei Menschen mit geringem Selbstwertgefühl vor und beeinträchtigen dieses noch weiter, falls ein *Kontrasteffekt* ausgelöst wird.

Der Kontrasteffekt tritt dann ein, wenn die betroffene Person nur wenig Ähnlichkeiten zwischen sich und dem visuellen Vorbild erkennen kann (Sherif et al., 1958). Doch auch wenn das Gegenteil - der *Assimilationseffekt* - eintritt und sich mit der Vergleichsperson identifiziert wird, ist dies kein Grund zur Freude, denn in diesem Fall wird zwar der Selbstwert erhöht, aber zugleich noch fester an das eigene Äußere und das der Vergleichsperson gekoppelt.

Auch dann, wenn Betroffenen bewusst ist, dass sie sich z.B. mit Menschen vergleichen, die durch ihr Aussehen ihr Geld verdienen, wird deren Schönheit unterbewusst dennoch als Normalität abgespeichert. Anstatt das Beste aus hundert Bildern eines professionellen Fotoshoots von der hübschesten aus hundert Personen als die Ausnahme anzuerkennen, die es ist, wird es für Alltäglich gehalten. Durch die ständige digitale Konfrontation mit besonders attraktiven Menschen in allen Bereichen des Alltags, festigt sich so eine verzerrte Wahrnehmung von anderen und dem eigenen Selbst.

Hier kommt der Bestätigungsfehler abermals ins Spiel, durch den nicht etwa eine neutrale Stichprobe der Bevölkerung zum Vergleich herangezogen wird (gleiches Alter, gleicher Ort, gleiche Situation), sondern eine, welche die Überzeugung: *„Ich bin nicht gut genug.“*, weiter stärkt. Dazu gesellt sich ein Doppelstandard, durch den Betroffene höhere Ansprüche an ihr eigenes Aussehen stellen, als an das anderer. Entsprechend ist eine konkrete Lösung, sich dieses Doppelstandards bewusst zu werden und sich selbst so zu betrachten wie eine fremde Person. Dabei kann es helfen auch im inneren Monolog so zu sich zu sprechen, als wäre man ein Bekannter, Freund oder Familienmitglied um dass man sich kümmern muss. Vielen Betroffenen fällt es schwer ihre eigenen Grenzen wahrzunehmen, aber deutlich leichter, die anderer Personen nicht zu übertreten. So kann dies, vermittelt durch die Fürsorge und Freundlichkeit gegenüber anderen, auch zu einem besseren Umgang mit sich selbst führen.

Wir fassen zusammen: Vergleichen kann zu einem Automatismus mit zwanghaftem Charakter werden. Dadurch, dass dieser Vorgang oft mit Grübelei gekoppelt ist und meist so lange andauert, bis die Betroffene Person schlecht dasteht, entspricht die Gewohnheit einem Dauerauftrag zum unglücklich sein. Diese negativen Gefühle lösen wiederum Binge Eating aus und halten es aufrecht.

Body Avoidance

Neben dem übermäßigen Betrachten ist (insbesondere bei Betroffenen der Binge Eating Störung) auch die Vermeidung des eigenen Körpers für viele an der Tagesordnung (Shafran et al., 2004). Es werden beispielsweise die Spiegel im Haus abgedeckt, sehr weite Kleidungsstücke getragen und der Körperkontakt mit anderen vermieden.

Englischsprachig als *Body Avoidance* bezeichnet, lässt sich der Begriff nur behelfsmäßig ins Deutsche übersetzen, offenbart dabei aber umso mehr den paradoxen Charakter dieser Verhaltensweise. Denn „Körpervermeidung" ist langfristig unmöglich und führt auch kurzfristig nicht dazu, dass sich gedanklich weniger mit dem Thema beschäftigt wird. Dadurch, dass wenig konkrete Betrachtungen vorgenommen werden, öffnen sich Spekulationen Tür und Tor. Das Resultat sind nicht selten Ängste, Sorgen und ein generelles Gefühl vermeintlich hässlich zu sein.

Der Rückzug in passive Verhaltensweisen untergräbt das Selbstbewusstsein und erhöht Scham sich selbst und anderen gegenüber (Fairburn, 2013). Die Lösung sowohl für Body Checking, als auch für Body Avoidance liegt in der Mitte – der Normalisierung des Umgangs mit dem eigenen Körper. Dazu muss die Beschäftigung sowohl zeitlich als auch die Intensität betreffend eingeschränkt werden (was einhergehend mit der Neuausrichtung der Gedanken passiert - siehe Kapitel 12).

Das Copy-Paste-Prinzip hilft dabei sich wieder einen gesünderen Umgang mit dem eigenen Körper anzueignen. Betroffene können dazu ihr näheres (gesundes) Umfeld untersuchen, sich auf konkrete Verhaltensweisen konzentrieren und diese 1:1 übernehmen. So verwenden beispielsweise Menschen ohne Essstörung Spiegel deutlich kürzer und vornehmlich für eine sehr spezifische Funktion (wie z.B. um die Komposition ihres Outfits abzustimmen, bevor sie aus dem Haus gehen). Auch das ist für Betroffene nicht immer unproblematisch, weshalb in Kapitel 15 praktische Alltagsmaßnahmen erläutert werden, die speziell auf Body Checking und Body Avoidance abgestimmt sind.

2

Die Hintergründe

7

Ein Leben ohne Binge Eating

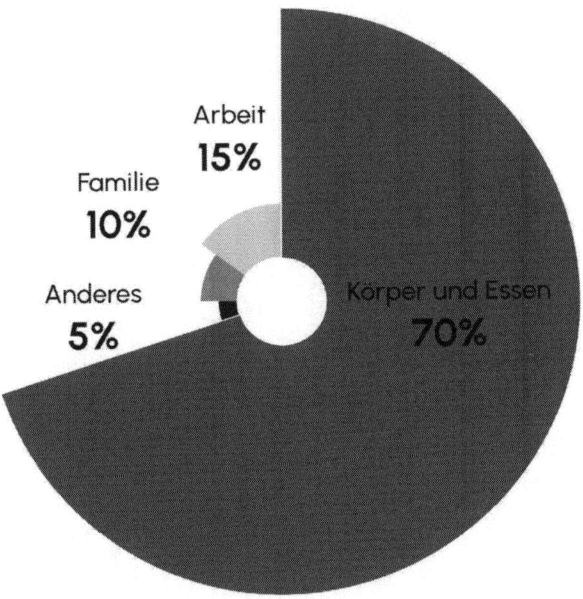

Anteil, den Themen im Alltag einer Betroffenen einnehmen

Nachdem aufgezeigt wurde, warum es essenziell ist Binge Eating und Purging hinter sich zu lassen, wird nun der Gegenentwurf zum Problemverhalten präsentiert. Denn um schädliches Verhalten ablegen zu können genügt es nicht, sich über seine Folgen im Klaren zu sein. Das zeigt sich unter anderem bei Rauchern. Diese sind zwar meist hervorragend über die Folgen des Rauchens aufgeklärt, tun sich aber dennoch schwer, mit dem Rauchen aufzuhören (Khwaja et al., 2009). Selbst die Maßnahme, verpflichtend Schockbilder auf Zigarettenpackungen zu drucken, bringt weltweit widersprüchliche Ergebnisse hervor und stellte sich als deutlich ineffektiver heraus, als zu Beginn angenommen (z.B. Layoun et al., 2017).

Auf dem langen Weg der Besserung

Nur die wenigsten Menschen mit Binge Eating Problematik suchen sich Hilfe oder informieren sich gezielt darüber, wie sie es schaffen können ihr selbstschädigendes Verhalten zu überwinden. Wie bei jeder Therapie gilt auch hier: Wer nicht mitmacht, kann keine Erfolge erwarten, doch für den, der mitmacht, lohnt es sich immer. Die Frage ist einzig und allein, ob dies früher oder später stattfindet.

Der größte Erfolgsgarant für nachhaltige Veränderung liegt in der Beständigkeit. Viele kleine Schritte in die richtige Richtung, sowie der korrekte Umgang mit Rückschlägen (siehe „Spickzettel für Rückfälle") führen verlässlich zum Ziel. Damit beides möglich ist, muss insbesondere eine Eigenheit von Binge Eating aus dem Weg geräumt werden: die Idee von „Alles oder Nichts".

Es geht nicht darum auf einen Schlag das komplette Leben umzukrempeln, abzunehmen und sich wie ein neuer Mensch zu fühlen. Solche Denkmuster sind Teil des Problems und führen zu mehr Verzweiflung. Das wahre Gegenmodell zu Binge Eating hat das Ziel den Körper und die Psyche nachhaltig wieder auf die eigene Seite zurückzuholen. Die Mittel hierzu sind neben einer Therapie oder selbst geleiteten Intervention auch immer Selbstbestimmtheit, Kompetenz, Unabhängigkeit und Selbstakzeptanz. All diese Qualitäten müssen stetig kultiviert werden und lassen sich von jedem erlernen. Sie sind zu großen Teilen durch Lernprozesse entstanden, die dazu geführt haben, dass Tabus, Schuld, Druck und Selbstbestrafung als probate Mittel verstanden wurden. Genauso können sie aber auch wieder verlernt und durch neue Denkgewohnheiten ersetzt werden.

Dieser Prozess ist nicht immer einfach und niemand schafft es, ihn ohne Rückschläge und Enttäuschungen zu durchlaufen. Es ist wichtig sich darüber im Klaren zu sein und Misserfolge als Teil des Weges anzunehmen und nicht persönlich zu nehmen. Alles-oder-Nichts-Denken ist nicht deshalb so attraktiv und häufig, weil es Leid erzeugt, sondern weil es eine schnelle und einfache Lösung bietet, um vor der eigenen Verantwortung sich selbst gegenüber zu entfliehen. Wer sich selbst verachtet kann im Falle eines Misserfolgs noch immer von der Bestätigung seiner negativen Erwartung zehren und durch die starken negativen Gefühle sich selbst gegenüber Ablenkung finden und so den tieferen Problemen entfliehen.

Der Gegenentwurf zum obig geschilderten ist es, Verantwortung für sich selbst zu übernehmen und sich nicht den Sog einfacher Auswege zu ergeben. Anstatt sich selbst mit dem zu vergleichen, was in seiner Wahrnehmung als perfekt und ideal erscheint, müssen Vergleiche in der Realität wurzeln. Nicht umsonst stammt „ideal" vom selben Wort ab, wie die Idee und beschreibt ein Vergleichsmuster, das ausdrücklich nicht erfüllt werden kann. Ein fairer Vergleich ist der, mit sich selbst vom vorherigen Tag. Sich damit zufrieden zu geben entlastet nicht nur, sondern ist auch ein konkretes Ziel und führt langfristig zu den besten Ergebnissen.

Ein Ziel für, das es sich zu kämpfen lohnt

Am Ende des Weges steht ein Leben, in dem Essen kein besonderes Thema mehr ist, sondern der natürliche Bestandteil eines erfüllten und geregelten Alltags, der genug Zeit und Raum für Hobbys und Begegnungen lässt. Ein Alltag, der dafür sorgt, dass Selbstwert auf natürlichem Wege entsteht, indem man selbst und das eigene Umfeld ehrlich zueinander sind und Vertrauen und positive Interaktionen an der Tagesordnung stehen. Ein realistisches Ziel sind Gedanken, die sich nicht um die immer gleichen Themenfelder im Kreis drehen, sondern sich frei in jeder Form entfalten können und Hilfe statt Belastung sind. Genauso wie Gewohnheiten, die dafür sorgen, dass Schönheit nicht nur durch den eigenen Körper entsteht, sondern vor allem durch Ausgeglichenheit und Momente der Freiheit. All das ist nicht nur möglich, sondern gut erreichbar, solange Geduld mit sich selbst an den Tag gelegt wird und wissenschaftliche Erkenntnisse regelmäßig in Anwendung gebracht werden.

Wissenschaft bezeichnet dabei nicht unerreichbares Expertenwissen und Studien, die mal so und mal so ausfallen, sondern einen breiten Fundus an praktischen Erfahrungen, die durch die Erprobung an tausenden von Menschen entstanden sind. Dieses Buch erfindet nicht das Rad neu, sondern ist eine Übersetzung eben jener Erkenntnisse. Dies hilft dem Leser nicht nur mit konkreten Anweisungen dabei, sich von Binge Eating zu befreien, sondern setzt auch deshalb auf die Vermittlung von Hintergrundwissen, weil nur so mündige und eigenverantwortliche Entscheidungen möglich sind. Zudem lassen sich die althergebrachten Mittel und Wege so durch eigene Ansätze der Leser ergänzen, was die Anwendbarkeit für jegliche Art von Alltag erhöht.

Komponenten des Gegenmodells

Das Gegenmodell besteht aus dem Kennen- und Umlernen des Denkens und Verhaltens, das Binge Eating hervorruft. Dazu gehören regelmäßige geplante Mahlzeiten, die zur Genüge sättigen, offene Kommunikation mit Angehörigen, Auseinandersetzung mit und Entzerrung der eigenen Gedankenwelt, Anwenden neuer Strategien zur Emotionsregulation und Prävention, sowie Nachsorge von Rückfällen (Fairburn, 2013).

Das Gegenmodell zu Binge Eating läuft dabei den Zielen, die tatsächlich hinter der Essstörung stehen, nicht zuwider. Selbst wer Attraktivität und Schlankheit höher gewichtet als eine gesunde und glückbringende Lebensführung, kommt dem durch das Überwinden von Binge Eating und den damit assoziierten

Denkweisen und Handlungen näher. Attraktivität ist keine rein soziale Konstruktion, sondern zu erheblichen Teilen biologisch bedingt. Insbesondere außerhalb der Medien- und Werbelandschaft und innerhalb des gewöhnlichen Alltags greifen die Prinzipien der natürlichen Selektion (z.B. Pazda et al., 2016). Von dieser ausgehend, ist ein Mensch dann attraktiv, wenn er gesund ist. Je gesünder ein Mensch, desto mehr schöpft er also sein biologisches Potenzial aus, attraktiv zu sein. Selbstredend gibt es auch dann Menschen, die im Vergleich dazu noch attraktiver sind, obwohl sie ungesund und selbstschädigend leben. Doch würden diese gesünder leben, wären sie noch attraktiver. Aus reinem Pragmatismus heraus betrachtet ist der schnellste und einfachste Weg zu den Zielen die sonst Essstörungen hervorrufen, die eigene Gesundung voranzutreiben.

8

Therapie

Die Bezeichnung „Therapie" löst die verschiedensten Reaktionen aus und wird meist mit Psychotherapie gleichgesetzt. Im eigentlichen Sinne handelt es sich jedoch bei jeder ärztlichen Hilfe um Therapie. Wann immer eine Diagnose vorgenommen wird und daraufhin eine Behandlung stattfindet, ist der Begriff angebracht. Psychotherapie bildet also keine Ausnahme und muss nicht anders wahrgenommen werden als regelmäßige Arztbesuche. Sie dient der Linderung von Leiden und zielt darauf ab psychische, emotionale und psychosomatische Zustände anzupassen. Auch diese Zielsetzung ist alles andere als ungewöhnlich, sodass im Grunde jeder etwas mit ihr anfangen kann. Was therapeutische Verfahren von vielen anderen Ansätzen unterscheidet ist, dass sie wissenschaftlich fundiert sein müssen.

Die Vorteile therapeutischer Ansätze

Wissenschaftliche Fundierung ist deutlich praktischer und greifbarer, als es zunächst den Anschein hat. Im Grunde geht es bei ihr nur darum, dass jeder, egal wo und wann dieselben Methoden verwenden kann und dadurch Erfolge erzielt. So kann sich die beste Methode durchsetzen und immer wieder aufs Neue auf die Probe gestellt werden. Das macht wissenschaftlich fundierte Methoden ungleich effektiver als andere Vorgehensweisen.

Die Fachsprache lässt es für viele so erscheinen, als sei es das Ziel von Psychologen, Selbstverständlichkeiten so kompliziert zu verpacken, dass sie außer ihnen niemand versteht. In Wahrheit geht es darum die Begriffe so spezifisch wie möglich zu gestalten um auch komplexe Sachverhalte gut einfangen zu können und wiederholbar zu machen. Ohne einheitliche Begriffe ist dies nur schwer möglich, denn im normalen Sprachgebrauch versteht beinahe jeder unter Begriffen wie „gesund" oder „übergewichtig" etwas anderes. Wenn viele Konzepte dieser Art zusammenkommen wird so jedes Vorgehen ohne genaues Begriffssystem zu einem reinen Versuch-Irrtum-Spiel das im Ernstfall schwerwiegende Konsequenzen hat.

Ein Beispiel hierfür liefern Diäten: Der Großteil der Anwender hat bereits Erfahrung mit vielen, verschiedenen Diäten gesammelt und so ist es nicht weiter verwunderlich, dass sich bei einigen Betroffenen Hoffnungslosigkeit einstellt. Dies geht nicht selten mit der Annahme einher, das Scheitern so vieler verschiedener Diäten könne nur an der eigenen Person liegen.

Auch Wissenschaftler gehen nach Versuch und Irrtum vor, der Unterschied ist aber, dass sich beides in Situationen abspielt, die vorher so modifiziert wurden, dass nichts dem Zufall überlassen wird. Es werden immer nur wenige Elemente isoliert und in einem Zusammenhang betrachtet, der die Ergebnisse eindeutig zuordenbar macht. Dadurch, dass alles genau dokumentiert und von unzähligen Forscherteams wiederholt wird, lässt sich schnell die Spreu vom Weizen trennen. Erst dann kommt das Wissen in die Anwendung und wird auch in diesem Kontext wieder untersucht, sodass nur jene Programme veröffentlicht werden, die praxistauglich sind. Als Therapie kommen dann wiederum nur die infrage, welche nachweislich eine deutliche Wirkung entfalten - wovon dann jene Behandlungen von den Krankenkassen übernommen werden, die mit minimalem zeitlichen und finanziellen Aufwand maximale Ergebnisse hervorbringen.

Im Falle von Binge Eating lagen bereits bei einer der ersten Studien zum langfristigen Erfolg der kognitiven Verhaltenstherapie überragende Ergebnisse vor (Fichter et al., 1998). Es zeigte sich, dass selbst über fünf Jahre nach der Behandlung lediglich 6 % der Patienten keine große Verbesserung ihres Zustands erlebten und annähernd 60 % vollständig genesen waren.

Es empfiehlt sich also psychotherapeutische Vorgehensweisen anderen vorzuziehen. Die zwei Therapien, welche im weiteren Verlauf dieses Kapitels vorgestellt werden, bilden das Grundgerüst für dieses Buch und wurden um die relevantesten psychologischen Inhalte zu den Themen: Emotion, Stress, Physiologie,

Kognition, Hormone und Soziales ergänzt um den mannigfaltigen Facetten des Bingens gerecht zu werden.

Neben der Art der Therapie spielen auch die beteiligten Personen oder Institutionen eine Rolle. Betroffenen stehen hier drei Optionen zur Verfügung:

- Klinischer Aufenthalt
- Ambulante Behandlung
- Selbsthilfe

Der Klinikaufenthalt ist dann effektiv und zwingend notwendig, wenn die betroffene Person unter Anorexie oder schwerer Depression respektive Suizidgedanken leidet. Auch im Falle anderer Essstörungen führt ein Klinikaufenthalt in der Regel zu einer Besserung der Symptome. Dies geht aber zum größten Teil auf die anhaltende Beobachtung durch und Zusammenarbeit mit dem Klinikpersonal zurück. Zudem findet ein Wechsel des sozialen Umfeldes statt, wodurch dysfunktionale Beziehungsmuster durchbrochen werden. Infolgedessen tritt bei Rückkehr in den Alltag in der Regel keine bleibende Veränderung ein (Fairburn, 2013).

Anders verhält sich dies im Fall ambulanter Behandlung durch einen Therapeuten. Im Gegensatz zu den meisten medizinischen Eingriffen wird bei der psychologischen Therapie der Großteil der Arbeit durch den Patienten selbst durchgeführt. Abseits der Verordnung medikamentöser Behandlung, welche im Falle von Binge Eating nahezu keine Effekte erzielt (Hilbert et al., 2019).

Nur dann, wenn zugleich eine Depression diagnostiziert und behandelt wird, kann die Lösung dieser Problematik indirekt auch eine positive Auswirkung auf die Essattacken haben.

Braucht es einen Therapeuten für Therapie?

Im Optimalfall sollte jede Betroffene Person auf die Unterstützung eines Therapeuten zurückgreifen. Doch da dies in Zeiten der Therpeutenknappheit nicht ohne weiteres für jeden möglich ist, stellen sich viele die Frage, ob sich ihre Probleme auch ohne professionelle Hilfe lösen lassen.

Da es bei der Heilung von Binge Eating vor allem um Veränderungen des Alltags und selbstbestimmte Lebensführung geht, ist dies durchaus möglich. Begleitete Selbsthilfe erweist sich als noch effektiver, jedoch muss es sich bei der Begleitung nicht zwingend um einen Therapeuten handeln (Fairburn, 2013).

Ein Standardinhalt der in den meisten therapeutischen Leitfäden zur Behandlung von Essstörungen steht und in Patientensitzungen zu Beginn vermittelt wird, lautet sogar: Der Therapeut ist kein Experte, sondern der Patient wird durch dessen Impulse Stück für Stück zum Experten für sich selbst (Freeman et al., 1995).

Bei der Behandlung von Binge Eating handelt es sich also nicht um ein Buch mit sieben Siegeln, die nur Auserwählte zu brechen vermögen, sondern um Vermittlung von Wissen und Ermutigung zur Umsetzung. Demnach folgen die meisten Therapeuten dem Credo „Hilfe zur Selbsthilfe" und liefern im wesentlichen Impulse in Form von Fachinformation, Hilfestellung und Austausch.

Dieses Buch vermittelt eben diese Impulse und dient als Leitfaden zur begleiteten Selbsthilfe. Es ist nach denselben Inhalten aufgebaut, nach dem auch Therapien zu Essstörungen aufgebaut sind und vermittelt dieselben Inhalte, die sonst ein Therapeut vermitteln würde. Es ist insbesondere nach den Erkenntnissen des Selbsthilfeprogramms von Fairburn konzipiert, für welches bereits viele Studien vorliegen, die eine ebenso hohe Wirkung nachweisen wie für begleitete Therapien (Fairburn, 2013).

Vorteile dieser Selbsthilfe:

- Es müssen keine regelmäßigen Termine wahrgenommen werden.
- Das Warten auf den Therapieplatz entfällt.
- Nicht jeder Therapeut ist auf Essstörungen spezialisiert.
- Die Selbstständigkeit wird gefördert.
- Wer mit diesem Vorgehen noch nicht vollständig kuriert ist, hat dennoch viele sehr spezifische Erfahrungen gesammelt und dadurch Vorarbeit geleistet, die den begleiteten therapeutischen Prozess verkürzt und erleichtert.

Nachteile dieser Selbsthilfe:

- Bei Essattacken, die im Zusammenhang mit Anorexie auftreten, muss in jedem Fall ein Arzt oder Psychotherapeut aufgesucht werden.
- Es gibt keine therapeutische Allianz und dadurch fallen Kontrollinstanz, Problemfeedback und soziale Interaktion in Teilen weg.

Um den letzten Punkt auszugleichen wird dazu geraten, sich für die Umsetzung dieses Buches eine vertraute Person zu suchen, mit der das Thema besprochen wird. Auch ohne Expertenstatus zeigt diese Hilfestellung in der Regel gute Ergebnisse. Zugleich muss es Teil der Hilfe sein, dass die vertraute Person nicht nach eigenem Gusto verfährt, sondern sich umfassend (z.B. mithilfe dieses Buches) informiert oder noch besser, durch die betroffene Person informiert wird.

Dies hat gleich mehrere Vorteile:

- Inhalte werden deutlich leichter erlernt, wenn man sie nicht nur passiv konsumiert, sondern aktiv an andere weitergibt.
- Unmittelbare Kommunikation mit bereits vertrauten Personen stellt für viele Betroffene eine kleinere Hürde dar, als sich einem Therapeuten zu öffnen.
- Kommunikation über das Thema Binge Eating ist wichtig. Zentrale Teile des Problems wie Scham, mangelnder Selbstwert und Stressverhalten, die Betroffene sonst im geheimen mit sich herumschleppen, werden durch eine offene Herangehensweise verbessert.
- Da sehr viele Menschen von gelegentlichem Überessen und Selbstzweifeln betroffen sind, ist auch ihr Verständnis größer als gemeinhin vermutet. Über Binge Eating zu informieren, hilft das gesellschaftliche Tabu um dieses Thema zu durchbrechen.

Insgesamt können die Nachteile also zu großen Teilen, wenn nicht vollständig, ausgeglichen werden und der Erfolg der

Selbsthilfe lässt sich durch die Einweihung von Bezugspersonen steigern. Der „Spickzettel für Hilfe" im letzten Buchabschnitt hilft dabei, Unterstützung im eigenen Freundes- und Bekanntenkreis zu suchen und zu finden.

Inhaltlich sollte die Selbsthilfe in jedem Fall denselben Methoden folgen, wie eine professionelle Behandlung durch einen ausgebildeten Psychotherapeuten. Folglich befassen wir uns nun mit den beiden effektivsten Ansätzen die in Form von Interventionen ohne therapeutische Begleitung erprobt wurden (Fairburn, 2013). Sie können mithilfe dieses Buches erlernt und umgesetzt werden.

Der Königsweg der Wissenschaft: Die kognitive Verhaltenstherapie

Binge Eating ist vor allem eines: Verhalten. Wenn dieses Verhalten angepasst wird, verschwindet der Großteil der mit ihm assoziierten Störung. Deswegen erweist sich die kognitive Verhaltenstherapie als mit Abstand erfolgreichster Behandlungsweg und wird dementsprechend am häufigsten angewendet (Goldfried, 2003).

Einführung in die kognitive Verhaltenstherapie

Die kognitive Verhaltenstherapie vereint *behaviorale* (auf Verhalten beruhende) Aspekte, wie *Konditionierung* und *Verstärkungslernen* (Ereignisse die oft gemeinsam auftreten lösen auch getrennt voneinander ähnliche Reaktionen aus), mit *kognitiven* (gedanklichen) Prozessen wie Überzeugungen, Bildern, Ideen und Einstellungen. Durch *kognitive Umstrukturierung* lassen sich Form und Inhalt der Gedanken verändern (Roth et al., 2002). Und durch Information und *Self-Monitoring* (die Aufzeichnung des eigenen Denkens und Verhaltens) lassen sich Verhaltensänderungen herbeiführen. Beide Wandlungsprozesse treten in Wechselwirkung und fördern sich gegenseitig.

Die kognitiven Aspekte von Binge Eating, die meist behandelt werden, sind die Überbewertung von Form und Gewicht, Schwarz-Weiß-Denken und die strikte Selbstreglementierung (Fairburn, 2013). Das Verhalten welches angepasst werden soll, ist gestörtes Essen in Form von strikten Diäten oder als Emotionsregulator.

Um die obigen Punkte in ein sinnvolles Bild zu bringen und veränderbar zu machen, muss zunächst bestimmt werden wie sie zusammenhängen und in welchem Kontext sie auftreten. Dazu werden psychologische Modelle verwendet, die einen Sachverhalt auf das wesentliche reduzieren.

So hat das *kognitive Modell* folgende Inhalte respektive Grundannahmen (Dozois & Beck, 2011):

- Es gibt eine Verbindung zwischen Gedanken und Gefühlen.
- Der Betroffene Patient ist selbst ein Forscher, der stetig mit seinen Gedanken experimentiert und dadurch Schritt für Schritt einen besseren Weg findet.

- Um eine Änderung der Denkweise zu fördern, hilft Self-Monitoring, also Selbstbetrachtung die aufgezeichnet wird.
- Die Behandlung ist keine klare Richtlinie, sondern dient dem Patienten als Werkzeugkoffer voller Fähigkeiten, die je nach Bedarf eingesetzt werden können.
- Der Therapeut ist kein Experte, sondern liefert nur Impulse.
- Es findet regelmäßiger Austausch zwischen der Betroffenen Person und ihrer Unterstützung statt.

Das *Verhaltensmodell* fügt die folgenden Inhalte respektive Grundannahmen hinzu (Fairburn, 2013):

- Es existieren Kreisläufe, die schädliches Verhalten aufrechterhalten und daher durchbrochen werden müssen. Dazu zählen der Kreislauf aus Diäten und Essattacken und der Kreislauf aus Essattacken und Purging.
- Bestimmte Faktoren erhöhen die Auftretenswahrscheinlichkeit für Binge Eating, sodass ein anderer Umgang mit diesen Faktoren zur Besserung führt.
- Die Prinzipien normalen Essverhaltens können erlernt werden, indem über die Wichtigkeit regelmäßigen Essens aufgeklärt wird, Essen in Gesellschaft stattfindet und Weight Checking ausgelassen wird.
- Tagebuchführen unterstützt die Bildung neuer Verhaltensmuster. Im Falle von Binge Eating hilft insbesondere die Notation von Essensaufnahme, Zeit und Ort von Binges, Stimmung und Kontrollgefühl.

Kognitive Umstrukturierung - Eine kurze Einführung

Gestörtes Essverhalten kommt durch dysfunktionale Kognitionen zustande. Dazu zählen automatisierte Gedankengänge, und *Schemata*. Letztere bestehen im Wesentlichen aus Einstellungen und Annahmen. Automatisierte Gedankengänge sind insofern verheerend, da sie selten bewusst wahrgenommen werden, aber dennoch die Wahrnehmung der Realität beeinflussen. Genau wie ein Zauberkünstler seinem Publikum suggeriert, er würde ein Wunder vollbringen, obwohl er eigentlich nur die Aufmerksamkeit der Zuschauer auf bestimmte Elemente lenkt, ist jeder privat ein Meister darin, seine Sichtweise auf die Welt und das eigene Selbst zu kreieren und aufrechtzuerhalten. Dabei wird eine stimmige Geschichte erzeugt, die Identität und Sinn stiftet. Diese Geschichte wird bedeutender, je länger sie besteht und instabiler, je weniger Facetten sie abdeckt. Ein vielseitiges und komplexes Selbstbildnis und Weltbild schützen vor emotionaler Instabilität und Identitätsdiffusion, wohingegen ein eindimensionales Selbstbild, das sich insbesondere auf äußere Merkmale bezieht sich schnell als problematisch erweist.

Die Arbeit mit den eigenen Gedanken und deren Modifikation dient also nicht nur der temporären Verbesserung der Stimmung, sondern auch dem Aufbau einer tragfähigen übergeordneten Denkweise, die sich auf sämtliche Lebensbereiche positiv auswirkt. An dieser Stelle ist ernstzunehmende kognitive Umstrukturierung ganz klar von Wunschdenken oder Schönreden abzugrenzen. Dennoch ist der Ablauf ähnlich.

Um das gestörte Essverhalten zu reduzieren genügt es bereits, den folgenden Schritten zu folgen.

Die 3 Schritte der kognitiven Umstrukturierung

Schritt 1: Self-Monitoring

Automatische Gedankengänge als solche wahrnehmen und erspüren, wie sie Verhalten und Stimmung beeinflussen. Dabei kann die Aufzeichnung mittels Tagebuch helfen Gedanken nicht nur nach außen zu tragen und festzuhalten, sondern auch sie zu ordnen und eine objektive und emotional distanziertere Sichtweise auf sie zu gewinnen.

Schritt 2: Schädliche Gedanken herausfordern

Das Mittel der Wahl sind hierbei meist spezielle Fragetechniken - allen voran die *sokratische Fragetechnik*. Bei dieser wird eine Erfahrung oder ein Gedanke in den Mittelpunkt gestellt und es werden Begründungen gesucht, warum diese Erfahrung oder Aussage als richtig wahrgenommen wird. Anschließend werden auch diese Begründungen wieder hinterfragt und die dahinter liegenden Grundsätze aufgedeckt.

Beispiel:

1. *„Ich habe einfach nicht genügend Disziplin, um keine Fressattacken zu bekommen. Ich schaffe das nie."*
2. *„Es braucht große Disziplin um Essattacken zu überwinden."*
3. *„Disziplin ist angeboren und unveränderlich."*

4. *„Ich bin nicht stark genug um etwas an mir zu verändern, selbst wenn es möglich wäre."*
5. *„Ich bin schwach."*

Für gewöhnlich finden sokratische Fragen in einem Dialog oder einer Diskussionsrunde statt. Dabei haben die anderen Teilnehmer die Möglichkeit kritisch nachzuhaken. Es ist dabei nicht ihre Aufgabe direkt zu widersprechen, sondern lediglich Fragen zu stellen. Durch die Beantwortung der Fragen, wird sich der Sprechende dann über die Schwachstellen seiner Argumentation und etwaige Denkfehler bewusst und kann neue Argumente ins Rennen schicken, die dann abermals einer kritischen Überprüfung standhalten müssen. Am Ende dieser Erörterung wurden die ursprünglichen Gedanken entzerrt, sodass sie realistischer, konstruktiver und keine große Belastung mehr sind. Im Idealfall sind sie dann sogar hilfreich dabei, die Schäden des alten Gedankenmusters zu reparieren.

Die sokratische Fragetechnik geht auf den berühmten Philosophen Sokrates zurück, der seine Gesprächspartner dazu bringen wollte ihre Aussagen zu überdenken. Er trat dabei getreu seinem Motto *„Ich weiß, dass ich nichts weiß."* als neugieriger Fragender ohne Ahnung auf und sorgte durch die richtigen Fragen dafür, dass die zuvor überzeugte Gegenseite langsam aber sicher, selbst zu dem Schluss kam weniger zu wissen als zuvor gedacht. Dadurch, dass nicht versucht wird die Gedanken direkt zu widerlegen, bildet sich keine klare innere Abwehr aus (Clark & Egan, 2015). Wer sich nicht rechtfertigen muss, sondern für sich selbst die Schwachstellen der eigenen Argumentation bemerkt und so zu einer neuen Erkenntnis gelangt, hat zudem keine Schwierigkeiten sich diese zu merken und umzusetzen. Für derlei Fragetechnik ist es stets hilfreich sich eine vertraute Person zu suchen, die ein gemeinsames Gespräch führt. Es ist aber auch möglich, in Eigenregie durch die schriftliche Dokumentation einen sokratischen Dialog mit sich selbst zu führen. Und sich Fragen zu stellen, wie: *„Wie würde eine andere Person das sehen?"*

Schritt 3: Schädliche Gedanken ersetzen

Nachdem die schädlichen Gedanken ihrer Überzeugungskraft beraubt wurden, lassen sie sich leichter durch konstruktive Gedanken ersetzen. Wichtig ist es hierbei, nicht einfach das Gegenteil anzunehmen oder übertrieben positive Gedanken auszuformulieren, sondern würdige Äquivalente zu finden, die sich zwar neu, aber nicht unwahr anfühlen. Anstatt zum Beispiel *„Ich bin hässlich, weil ich fett bin."* zu *„Ich bin schön, egal wie ich aussehe."* abzuändern, lautet ein konstruktiver Gegenentwurf: *„Aussehen ist nicht alles, was mich ausmacht. Ich habe sehr viele schöne Seiten und dass ich nicht mit allem zufrieden bin, ist vollkommen normal. Das Beste, was ich machen kann, ist meine Essattacken zu überwinden, und mit diesem Gedanken bin ich bereits auf einem guten Weg."*

Um zu konstruktiven Ersatzgedanken zu gelangen, hilft die *Logik nach Hegel* bei der einer ursprünglichen Aussage (These) eine Gegenaussage (Antithese) entgegengestellt wird. Anschließend werden beide verbunden (Synthese) wodurch ein Kompromiss und Mittelweg entsteht, der es leichter macht von dem alten

Gedanken auf den neuen umzusteigen, weil so kein Bruch im eigenen Denken stattfindet (Yuhua, 2016).

Beispiel:

1. **These**: *„Mein Aussehen ist mir sehr wichtig, weil ich so auf mich selbst Stolz bin und mir andere mehr Zuneigung schenken."*
2. **Antithese**: *„Mein Aussehen ist unwichtig und ich kann Stolz auf mich sein und maximale Zuneigung bekommen, auch wenn ich mich gar nicht darum kümmere."*
3. **Synthese**: *„Mein Aussehen ist einer von vielen Aspekten, die mir Stolz und Zuneigung geben können, aber bei weitem nicht das Wichtigste an mir. Deshalb muss ich mich nicht darauf reduzieren und kann entspannt an mir arbeiten, ohne drastische Maßnahmen zu ergreifen oder andere wichtigere Bereiche wie meine Gesundheit unterzuordnen."*

Die Kraft von Ersatzgedanken

Es ist wichtig die schädlichen Gedanken nicht nur loszuwerden, sondern auch zu ersetzen, da sie sich sonst langfristig wieder in ähnlicher Weise zurückmelden. Es gibt einen Grund, weshalb sie entstanden und geblieben sind. Dieser Grund setzt sich im Nachhinein wieder durch, wenn ihm nicht durch andere stärkere Gründe Paroli geboten wird. Ein anschauliches Beispiel hierfür findet sich beim Rauchverzicht. Hier zeigt sich eine Intervention als effektiver, wenn sie eine Handlungsalternative zum Rauchen enthält (z.B. Russell et al. 1977). Anstatt also die Morgenzigarette beim Kaffee einfach nur wegzulassen wird z.B eine Tasse Grüntee getrunken, oder getanzt. Es geht bei der Ersatzhandlung nicht nur darum, dass diese äußerlich ähnlich ist (z.B. das Saugen an einer Kaugummizigarette und Trinken von Kakao), sondern, auch darum, dass Sie einem ähnlichen Ziel entspricht. Genauso sollten auch die neuen Gedanken, ein ähnliches Bedürfnis adressieren, wie die alten (siehe obiges Beispiel).

Kognitive Umstrukturierung wirkt nicht nur über den direkten Weg der einzelnen Überzeugungen, sondern beeinflusst auch das große Ganze. So laufen die einzelnen Gedanken von Betroffenen aller Regel nach in denselben Themenkomplexen wie Schuld, Scham und Perfektionismus zusammen, die maßgebend dafür sind, dass sich eine Essstörung bildet und aufrecht erhalten wird (Fairburn, 2013). Diesen Themenkomplexen wird durch kognitive Umstrukturierung Stück für Stück die Bedeutung abgerungen und so wandeln sich langsam aber sicher Welt- und Selbstbild.

Verhaltensänderung - Eine kurze Einführung

Neben der Überprüfung bisheriger Denk- und Verhaltensmuster hilft es neue Alternativen auszuprobieren und Veränderung langfristig und selbstbestimmt durchzusetzen. Dabei unterstützen Zielsetzung, Gewohnheitsbildung und Rückfallprophylaxe. Regelmäßige Übung und Umgang mit Rückschlägen sind unabdingbarer Teil des Programms.

Die Verhaltenstherapie hat ihren Ursprung in Lerntheorien, nach denen Verhaltensweisen erlernt und auf selbem Weg wieder verlernt werden (z.B. Wilson, 2005). Dieser Prozess lässt sich durch sämtliche Verfahren der Lernpsychologie und das Wissen darüber, wie Verhalten und Gewohnheiten funktionieren, unterstützen. Methoden der reinen Verhaltenstherapie werden mittlerweile häufig durch Methoden der kognitiven Verhaltenstherapie ersetzt. Die oben geschilderte kognitive Umstrukturierung ist nur ein Beispiel von vielen Techniken die sich gegenseitig ergänzen. Da es sich hierbei um ein sehr breites Feld handelt und dutzende Verfahren bekannt sind, betrachten wir den großen Teil von ihnen jeweils im Zusammenhang mit dem für den Leser relevanten Binge Eating Thema. So kann er sich Schritt für Schritt die Methoden erschließen und ausprobieren, die für ihn die größte Relevanz haben. Es folgt eine Übersicht der gängigen Therapiemethoden und wo sie in diesem Buch zu finden sind:

- Assoziationsspaltung (Kapitel 2)
- Kognitive Umstrukturierung (Kapitel 8)
- Kognitive Therapie (Kapitel 12)
- Metakognitive Therapie (Wells) (Kapitel 12)
- Akzeptanz- und Commitmenttherapie (ACT) (Kapitel 13)
- Rational-Emotive Therapie (RET) (Kapitel 13)
- Stressmanagement (Meichenbaum) (Kapitel 13)
- Achtsamkeitsbasierte Stressreduktion (Kapitel 13)
- Attributionstherapie (Kapitel 14)
- Selbstmanagement-Therapie (Kapitel 16)

Rückfallverhalten

Um der Tendenz des Alles-oder-Nichts-Denkens etwas entgegenzusetzen, setzt die kognitive Verhaltenstherapie darauf, Rückfälle vorwegzunehmen und sie fest mit einzuplanen. Zwar wird die Rückfallwahrscheinlichkeit so gut wie möglich verringert (siehe Kapitel 9), jedoch muss für den Fall der Fälle ein konstruktiver Lösungsweg bereitstehen, der den drohenden Essanfall ersetzt. Den Lösungswegen ist mit dem „Spickzettel für Rückfälle" (siehe letzter Buchteil) ein eigener Abschnitt gewidmet. Dennoch sei hier auf die Grundlagen der Verhaltensänderung eingegangen, die dabei helfen eine neue Sichtweise auf den Prozess der Heilung zu gewinnen.

Das TOTE Modell

Das *TOTE-Modell* wird vorwiegend in der Arbeitspsychologie verwendet, um den Ablauf von Handlungen zu systematisieren (Schaper, 2014). Es lässt sich jedoch in nahezu jedem Bereich der Verhaltensänderung anwenden. Auch wenn es in der Regel nicht in Verbindung mit Essstörungen gebracht wird, kann es Betroffenen dabei helfen ihre Energie auf die Verhaltensänderung zu konzentrieren, anstatt sie auf Ohnmachts- oder Schuldgefühle zu verschwenden.

TOTE steht für *„Test Operate Test Exit"* (zu Deutsch soviel wie: „Test, Operation, Test, Ende") und teilt (insbesondere automatisiertes) Verhalten in Sequenzen ein. Nach dem TOTE Modell findet jede Handlung statt um von einem IST-Zustand zu einem SOLL-Zustand zu gelangen. Wenn beispielsweise Streit in der Familie zu Stress und damit zu einem unangenehmen IST-Zustand führt, dann fällt dieser im Rahmen des ersten Tests auf und es wird eine Operation ausprobiert, um wieder zu einem SOLL-Zustand zu gelangen. Beispielsweise wird versucht den Streit zu schlichten. Gelingt dies nicht, dann legt sich der Stress nicht und durch einen erneuten „Test" wird offenbart, dass eine weitere Operation nötig ist um wieder in einen angenehmen Zustand zu kommen. Nach etlichen Versuchen, bleibt dann das Verhalten, welches den SOLL-Zustand schnell und einfach erreichen kann und festigt sich. Zum Beispiel etwas zu essen, das ablenkt.

Irgendwann sind negative Reize und die Reaktion darauf so stark verbunden, dass es schwer fällt, sie zu entkoppeln. Deswegen reicht es meist nicht aus, sich vorzunehmen, keinen Essattacken mehr nachzugehen. Es braucht einen gesunden Ersatz für das schädliche Verhalten, der eine ähnliche Funktion erfüllt. Ist dieser Ersatz gefunden, muss er jedoch noch etliche TOTE-Durchläufe machen, bevor er die vorherige „Lösungsstrategie" des Binge Eatings endgültig ersetzen kann. Aus diesem Grund ist es wichtig, nicht die Geduld zu verlieren und sich darüber bewusst zu sein, dass vermeintliche Rückschläge dabei helfen, Stück für Stück dem Soll-Zustand näher zu kommen.

Wie auch Entwickler eines Computerprogramms das Projekt nicht nach dem ersten Durchlauf aufgeben, sollte auch das „Projekt": „Leben ohne Essattacken" als laufender Prozess verstanden werden, bei dem es nicht die Aufgabe ist zwischen Erfolg und Misserfolg zu unterscheiden, sondern sich darauf zu verlassen, dass im Hintergrund eine ständige Anpassung stattfindet, die unterstützt werden will.

Ablauf der kognitiven Verhaltenstherapie

Für gewöhnlich besteht die kognitive Verhaltenstherapie für Binge Eating aus ca. 20-25 wöchentlichen Sitzungen bzw. Lektionen zur Selbsthilfe, in denen über mehrere Phasen verteilt Folgendes erlernt wird (Munsch et al., 2007):

Phase 1

- Feststellen, welche Prozesse das Essproblem aufrechterhalten (siehe Kapitel 9).
- Stimmungen und Gedanken in einem Ernährungstagebuch notieren (siehe Kapitel 16).
- Reguläres Essverhalten einführen, das Essattacken unterminiert (siehe Kapitel 16).
- Entwicklung von Fähigkeiten und Kompetenzen, die dabei helfen der Binge Eating Versuchung zu widerstehen (siehe Kapitel 16).
- Information über Essen, Nahrungsaufnahme, Form und Gewicht (siehe Kapitel 10 und 11).

Phase 2

- Sorgen über das Körperbild thematisieren (siehe Kapitel 6).
- Vermiedene Nahrungsmittel teilweise wieder in die Ernährung eingliedern (siehe Kapitel 16).
- Diäten schrittweise absetzen und durch eine stabilisierende Ernährung ersetzen (siehe Kapitel 10 und 16).

- Problemlösungs-Kompetenz entwickeln, die Binge Eating als Coping Strategie obsolet macht (siehe Kapitel 13 und 16).

Phase 3

- Hilfsmittel aufbauen, die Rückfälle verhindern (siehe Schlussteil: „Spickzettel für Rückfälle").
- Kompetenzen aufbauen, die den Umgang mit Rückfällen erleichtern (siehe Schlussteil: „Spickzettel für Rückfälle").

Interpersonelle Therapie

Eine weitere Therapieform, durch die Betroffene von Binge Eating profitieren können, ist die *interpersonelle Therapie* (Wilson & Fairburn, 2002). In der Psychologie wird zwischen *intrapersonellen* (innerhalb ein und derselben Person) und *interpersonellen* (zwischen mehreren Personen) Prozessen unterschieden. Interpersoneller Therapie bezeichnet also Therapie, die über den Patienten hinausgeht, indem nicht nur er, sondern auch sein soziales Umfeld in den Prozess der Heilung mit einbezogen werden. Dabei müssen Personen des Patientenumfelds nicht zwingend anwesend sein. Stattdessen werden sie als System gesehen, durch das der Patient mit seinen Beziehungen verbunden ist.

Der interpersonellen Therapie liegen die folgenden fünf zentrale Annahmen zugrunde:

- Die problematische Situation hat sich in einem sozialen System entwickelt und/oder wird durch dieses aufrechterhalten. Entsprechend führt die Veränderung des Systems oder eine Änderung des Patientenbezugs zum System zu einer Besserung der Situation.

- Es existieren, wie in jedem sozialen System, Spannungen und Probleme. Die Kommunikation zwischen und mit den Mitgliedern des sozialen Systems ist jedoch dysfunktional und es gibt daher nur wenig Möglichkeit die Probleme auf verbalem Weg zu lösen und die Spannung abzubauen.
- Die Spannung muss durch Handlungen abgebaut werden, um wieder Balance im System herzustellen.
- Direkte Konflikte werden vermieden, stattdessen findet sozialer Rückzug statt.
- Um soziale Verbindungen zu stärken werden aufgrund mangelnder Kommunikation verstärkt Handlungen eingesetzt.

Was zunächst abstrakt klingt wurde von dem Psychologen Salvador Minuchin mit der *„psychosozialen Familie"* auf Essstörungen bezogen und macht die obigen Punkte verständlich (Cohen, 1990):

Essen ist eine der wichtigsten sozialen Handlungen, weshalb Spannungen, die sonst durch verbale Kommunikation abgebaut werden könnten, zu großen Teilen durch Essen reguliert werden. Im Volksmund spricht man an dieser Stelle z.B. von „Frust oder Trauer in sich hineinfressen." Entsprechend erhöht ein soziales Umfeld, in dem Spannungen vorherrschen, die Gefahr von Essattacken.

Bei der interpersonellen Therapie geht es nun darum, die Beziehungen der Betroffenen zu ihren Mitmenschen durch Ausbau der Kommunikationsfähigkeit zu verbessern, sodass soziale Spannungen anderweitig und konstruktiv abgebaut werden können (Ramacciotti et al., 2013). Dabei lässt sich die Behandlung grob in zwei Vorgehensweisen unterteilen: Aufklärung und Bewältigung. Während die Aufklärung eher mittels klassischer Therapieansätze erreicht wird (Gespräche über Trauer, Probleme, Stress und soziale Rollen), setzt man für die Bewältigung auf verhaltenstherapeutische Methoden (Übungen und Aufgaben, welche die Kommunikationsfähigkeit schulen).

Ablauf der interpersonellen Psychotherapie

Phase 1

- Binge Eating in Verbindung mit dem sozialen Umfeld bringen
- Den Betroffenen als erkrankt definieren, um ihn zu entlasten
- Die zentralen Themen: Trauer, Probleme, Stress und soziale Rollen kommunizieren
- Ziele festlegen

Phase 2

- Kommunikationsstrategien und Beziehungsmuster aufdecken
- Eine gesunde soziale Rolle definieren
- Beziehungen durch neue Prioritätensetzung stabilisieren
- Neue Beziehungen aufbauen

Phase 3

- Zusammenfassung der gesammelten Erfahrungen mit besonderem Augenmerk auf funktionale Kommunikations- und Bindungsstrategien

Phase 4

- Verbesserungen aufrechterhalten

Bei der interpersonellen Therapie handelt es sich üblicherweise um eine Kurztherapie, die solide Erfolge erzielt und deshalb noch immer angewendet wird. Jedoch ist zu vermuten, dass ein Teil der Effektivität dabei auf verhaltenstherapeutische Elemente zurückgeht, die sich so auch innerhalb der kognitiven Verhaltenstherapie unterbringen lassen (Fairburn, 2013). Aus diesem Grund wird immer häufiger direkt die kognitive Verhaltenstherapie angewandt, zumal es mehr Therapeuten gibt, die in dieser Therapieform geschult sind.

In Anbetracht der Tatsache, dass die kognitive Verhaltenstherapie in der Regel effektiver ist als die interpersonelle Therapie und dass letztere zu Teilen auf einer passiven Herangehensweise beruht (Therapeut als Experte und Betroffener als Erkrankter), eignet sich die kognitive Verhaltenstherapie besser. Von interpersonellen Ansätzen werden nur einige Ansätze und Betrachtungsweisen übernommen. So zum Beispiel die Erkenntnis, dass gute und enge Beziehungen, ebenso wie Partnerschaften, welche Selbstakzeptanz und das Selbstbewusstsein erhöhen, die Sorgen über das eigene Körpergewicht und die Körperform verringern. Außerdem fördern sie die Erholung von psychischen Problemen.

Konkret bedeutet dies für den Leser: es empfiehlt sich unbedingt, sich einer oder mehreren Personen anzuvertrauen, zu denen eine gute Beziehung besteht und die selbst kommunikativ fähig sind (eine kleine Hilfestellung hierfür ist der „Spickzettel für Hilfe" gegen Buchende). Zudem ist es ratsam, in einem sozialen Verbund einzutreten, dessen Mitglieder auf konstruktive Art und Weise miteinander verbunden sind. Sportmannschaften, Interessengemeinschaften und Stammtische sind hierfür eine gute Anlaufstelle.

9

Risikofaktorenmodell 7 Auslöser entschärft

Bevor *psychologische Interventionen* (systematische Programmplanung um einen belastenden Zustand zu verändern) durchgeführt werden, wird häufig ein bestimmtes Modell angewandt, um die Eingriffe zu planen: das *Risikofaktorenmodell*. Dieses macht Faktoren ausfindig, die häufiger bei Erkrankten vorkommen, als bei nicht Erkrankten und leitet daraus ab, inwiefern diese Faktoren das Problemfeld herbeiführen oder begünstigen. Die Faktoren dienen als Prädiktoren („prediction" = „Vorhersage") und erlauben eine Vorhersage der zukünftigen Entwicklung, was sie zur Prävention sehr wertvoll macht. Sie zeigen auf, wodurch ein Problem hervorgerufen wird und wie sehr bestimmte Verhaltensweisen die Auftretenswahrscheinlichkeit des Problems erhöhen oder verringern.

Nehmen wir uns zum besseren Verständnis ein konkretes Beispiel zur Hand: durch umfassende Studien wurde herausgefunden, dass unter Menschen mit einem Herzinfarkt deutlich mehr Raucher sind, als in der normalen Bevölkerung (z.B. Lakier, 1992). Daraus folgt, dass Rauchen ein Risikofaktor ist, der die Entwicklung von Herzinfarkten begünstigt.

Der Begriff „Risikofaktor" wird deshalb verwendet, weil sich ein Mensch durch Rauchen einem erhöhten Risiko aussetzt und wir das Auftreten von Krankheiten unwahrscheinlicher machen können, wenn wir die Faktoren kennen und beeinflussen. Dafür müssen wir nicht wissen, warum derlei Zusammenhänge bestehen, sondern nur, dass sie bestehen. Insbesondere psychische Störungen werden durch viele unterschiedliche Einflüsse ausgelöst und aufrechterhalten. Diese lassen sich allesamt in Risikofaktorenmodellen in Bezug zueinander setzen und klären zusammen einen großen Teil der Unterschiede zwischen Betroffenen und nicht Betroffenen auf. Ein großer Teil dieser Unterschiede basiert auf Umständen, die sich verändern lassen. Durch Kenntnis der Risikofaktoren, kann ein Betroffener zum Nicht-Betroffenen werden, indem er einfach dessen Umgang mit den Risikofaktoren nachmacht.

Auf das Beispiel des Herzinfarkts angewendet hieße dies, gänzlich mit dem Rauchen aufzuhören. Nicht ganz einfach, aber genau hier kommt wieder ein weiteres Risikofaktorenmodell zum Einsatz, welches die Verhaltensweisen kartografiert, die Rauchen begünstigen.

Hier sei nochmal ein Hinweis darauf gegeben, welch große Rolle zunächst fiktiv wirkende Wahrscheinlichkeiten auf das tatsächliche Leben haben, wenn man sie zusammenfasst: 94 % der Berliner Patienten unter 55 Jahren, die einen Herzinfarkt erlitten, waren von einem oder mehr der drei großen Risikofaktoren (Rauchen, Bluthochdruck, hohe Blutfettwerte) betroffen (Theres et al., 2014). Wobei jeder der drei großen Risikofaktoren wiederum das Risiko zahlreicher anderer Beschwerden erhöht, wovon sich im Laufe des Lebens zwangsläufig mehrere bemerkbar machen. Ein Bild hilft dabei dies zu veranschaulichen: Wer einmal bei Rot über die Straße geht, wird vermutlich nicht direkt überfahren. Wer sich jedoch dazu entscheidet dies täglich zu tun, hat nicht garantiert aber mit ziemlicher Sicherheit, kein langes Leben vor sich.

Risikofaktorenmodelle stellen also einen Weg dar, die Zusammenhänge abzubilden, durch die es zu Binge Eating kommt. Jeder einzelne Zusammenhang verleiht direkten Einfluss auf Binge Eating, sodass die Wahrscheinlichkeit von Essattacken Stück für Stück verringert werden kann.

Anstatt sich mit der übergroßen Erwartung zu unterdrücken, endlich irgendwann mit dem Binge Eating aufzuhören, lassen sich nun die Risikofaktoren direkt angehen und machen so das Ziel *SMART* – Spezifisch, Messbar, Aktivierend, Realistisch, Terminiert. Dieses Prinzip der Zielsetzung stammt ursprünglich aus dem Management und geht auf die Beobachtung zurück, dass manche Menschen ihre Ziele schneller und einfacher erreichen als andere. Sein Entwickler – Peter Drucker – fand heraus, dass dies nicht nur in der direkten Leistung oder Kompetenz der Einzelnen begründet liegt, sondern auch in der Art, wie die Ziele gesetzt werden. Die Zergliederung eines übergeordneten Problems (= Ziels) in mehrere bewältigbare Probleme (= Ziele) lässt sich hervorragend durch die Zuhilfenahme von Risikofaktoren erreichen.

Daraus resultierend ergeben sich die folgenden sieben Auslöser für Binge Eating (Fairburn, 2013):

- Innere Anspannung/Stress
- Nahrungsaufnahme
- Alleinsein
- Craving
- Gedanken an Essen
- Heimkehr
- Langeweile

Die obigen Zustände sind eine Reduktion herkömmlicher Risikofaktorenmodelle auf konkrete Situationen, für die ein gesunder und konstruktiver Umgang gefunden werden darf. Ein guter Umgang mit diesen Situationen löst das Problem Binge Eating und wird durch die Inhalte dieses Buchteils ermöglicht. Die nun erfolgende Zusammenfassung der einzelnen Elemente soll dem Leser dabei helfen zu erkennen, welche für ihn am bedeutendsten sind. Sie dient auch dazu, sich auf die kommenden Veränderungen einzustimmen und einen übergeordneten Kontext zu formen, der zeigt, dass jede Veränderung – egal wie klein sie auch sein mag – ein weiterer Schritt in Richtung Besserung ist. Allen voran soll klar werden, dass es nicht der eigene Körper ist, an dem Veränderung stattfinden muss, sondern gewöhnliche Begebenheiten des Alltags, für die ein anderer Umgang gefunden werden sollte.

Auslöser 1: Spannungen lösen

Emotionale Anspannung ist ein Phänomen, das jeder kennt, bei dem jedoch die Reaktion von Person zu Person unterschiedlich ausfällt. Dabei wird allerdings immer das Ziel verfolgt, sich des unangenehmen Zustands zu entledigen. Essen stellt dafür ein sehr effektives Mittel dar, denn die Nahrungsaufnahme beruhigt unmittelbar auf körperlicher Ebene, da sie ein Grundbedürfnis adressiert, das in unserer DNA verwurzelt lag, lange bevor wir zu Menschen wurden.

Selbst domestizierte Tiere überessen sich, wenn sie mit zu vielen Reizen konfrontiert werden und Stress abbauen müssen (z.B. Adam & Ebel, 2007). Es gibt nur wenige Verhaltensweisen, die so unmittelbar, intuitiv und einfach funktionieren wie Überessen und so ist es alles andere als unverständlich, dass insbesondere Menschen, die mit sich selbst unzufrieden sind, oft unbewusst auf diese Strategie zurückgreifen. Sobald diese Reaktion auf Stress dann über einen längeren Zeitraum gut funktioniert, wird sie zum Automatismus und ist oftmals nicht mehr als separate Handlung erleb- oder erkennbar.

Doch jetzt, wo dieser Punkt adressiert wurde, ist es möglich die Regulationsstrategie als das zu benennen, was sie ist und sie durch andere zu ersetzen. Das ist einfacher als es zunächst scheinen mag. Binge Eating muss nicht unter Anstrengung bekämpft werden, sondern lässt sich zunächst durch andere Methoden ergänzen. Werden diese regelmäßig angewendet und entfalten ihre Wirkung, gibt es weder für den Körper noch für den unbewussten Teil der Psyche einen Anlass, den schlechten Gefühlen und Gedanken zum Trotz Überessen zu initiieren. Vereinzelte Rückfälle sind normal, doch die langfristige Tendenz wird sich anpassen.

Techniken, die für das Lösen von innerer Anspannung sorgen, gibt es viele. Sie alle zu thematisieren, würde den Rahmen dieses Abschnitts sprengen, deshalb wurde dem Thema Emotion und Stress mit Kapitel 13 ein eigener Abschnitt gewidmet.

Auslöser 2: Nahrungsaufnahme lösen

Dieser Auslöser ist besonders perfide, da jeder Mensch essen muss. Wer jedoch von Binge Eating betroffen ist, setzt sich dabei jedes Mal enormen Stress aus und wird dazu verleitet, statt einem kleinen Stück doch lieber den ganzen Kuchen zu verschlingen. Die sonst so behutsam geschützte Schwelle, scheint einmal überschritten und damit vollends sinnlos zu sein. Für diese Form der Wahrnehmung sorgt das dichotome (Alles-oder-Nichts)-Denken, welches Teil aller Essstörungen ist. Der beste Weg dem entgegenzutreten darf in keiner Behandlung von Binge Eating fehlen und besteht in regelmäßiger, ausreichender und geplanter Nahrungsaufnahme. Diese normalisiert das Essverhalten und entzieht den Essattacken so den Nährboden (Fairburn, 2013). Es kommt zwar noch immer zur Situation der Nahrungsaufnahme, jedoch ist diese nicht mehr so bedrohlich wie zuvor, da sie nicht automatisch durch ihr Auftreten als Fehlschlag gewertet wird. Dieser Einstieg in die Situation ist entscheidend und sorgt dafür, dass nicht schon ab dem zehnten Bissen alles verloren wirkt. Stattdessen wird der Vorgang des Essens zu einem Teil des Heilungsprozesses und zurecht positiver empfunden. Die Tendenz zum Essanfall wird dadurch nicht vollständig verschwinden, aber zumindest so weit verringert, dass Rückfälle von Tag zu Tag unwahrscheinlicher werden und immer seltener auftreten. In Kapitel 10 und dem Umsetzungsprogramm (Kapitel 16) befassen wir uns ausführlich mit dem Aufbau von stabilisierenden Essverhalten.

Auslöser 3 – Allein sein lösen

Einsamkeit löst insbesondere in Menschen, die sich selbst nicht zu mögen wissen, Beklemmung aus und verstärkt die Idee, unzulänglich oder abstoßend zu sein. Dabei wird nicht nur der Stress erhöht, sondern auch eine Stimmung erzeugt, die als *aversiver Reiz* fungiert. Der Begriff Aversion kommt aus dem Lateinischen („avertere" = „sich abwenden") und wird in diesem Zusammenhang für äußere oder innere Reize benutzt, die zu einer Vermeidungsreaktion führen. Diese Vermeidungsreaktion wird im Falle der Essattacken zwar ebenfalls negativ erlebt – insbesondere im Nachhinein – aber das tut ihrer Verwendung keinen Abbruch. Oft ist der Schritt von einer Belastung zur nächsten einfacher als der Wechsel zu einer positiven Ablenkung, da so der Auslöser der negativen Stimmung im Nachhinein umgedeutet werden kann (man spricht hier von der *Masking Hypothesis* - näheres dazu in Kapitel 13). Weil der Gedanke der Einsamkeit schwer zu ertragen ist, wird ihm die moderate Qual der Essattacke vorgezogen, zumal diese durch ihren rauschhaften Charakter besonders schnell das Erleben in ihren Bann zieht.

Um der Einsamkeit etwas entgegenzusetzen und somit auch die Essattacken unwahrscheinlicher zu machen, helfen zwei Dinge: Gesellschaft und Verständnis. Auch wenn sozialer Umgang manche Formen der Einsamkeit nicht stillen kann, lenkt er zumindest von ihnen ab und bietet viele Gelegenheiten, einen Teil der negativen Stimmung zu lindern. Wenn es in der Situation selbst so scheint, als würde ein Treffen mit Freunden nichts am Kern der Probleme ändern, dann sollten sich Betroffene ins Gedächtnis rufen, dass der andere Umgang mit dem drittgrößten Auslöser für Binge Eating sehr wohl einen riesigen Schritt in Richtung Besserung darstellt.

Wer sich niemandem anvertrauen kann, fühlt sich unter Umständen auch innerhalb großer Gruppen einsam. Deshalb ist es so essenziell für Betroffene, sich im eigenen Umfeld über die Essprobleme auszusprechen. Eine Unterstützung für die Eröffnung genau solcher Gespräche bietet der „Spickzettel für Hilfe" (siehe Buchende). Offene Kommunikation über die Probleme, die einen plagen ist der effektivste und sicherste Weg um Verständnis zu erzeugen, ganz egal um welche Art von Problemen es geht. Nur so wird dem Gegenüber, das vermutlich schon längst eigene

Erklärungen gebildet hat, eine Chance eingeräumt, Klarheit zu erfahren und zu helfen.

Allgemein gilt: auch ohne tieferes Verständnis sorgt sozialer Kontakt für Beschäftigung und dient schon aus diesem Grund als Prävention für Essattacken. Wer es dann noch schafft, sein soziales Umfeld so umzugestalten, dass es zu weniger Konflikten kommt und bedeutungsvolle Beziehungen und Bindungen entstehen, verringert das Risiko von Binge Eating um ein Vielfaches. Es genügt jedoch zunächst, nicht dem Bedürfnis nach sozialem Rückzug nachzugeben und bereits bestehende soziale Kontakte aufrechtzuerhalten.

Auslöser 4: Craving lösen

Ein Merkmal, das die meisten Essstörungen mit Abhängigkeitserkrankungen gemein haben, ist das sogenannte *Craving* – ein inneres Verlangen nach einer speziellen Substanz oder Handlung. Dem Craving nach hochkalorischen Lebensmitteln, die im Rahmen von Essanfällen oft konsumiert werden, wird am effektivsten durch stabilisierendes Essverhalten entgegengewirkt (siehe Auslöser 2) (Fairburn, 2013).

Was den Rausch-ähnlichen Zustand der Essattacken angeht, kann diesem durch Ersatzhandlungen vorgebeugt werden. Wann immer der Drang nach einem intensiven Erlebnis größer wird, sollte innegehalten und anderweitig in Aktion getreten werden. Als Ersatzhandlung eignet sich jedes Verhalten, das starke Emotionen auslöst und somit die Bedürfnisse des Cravings überlagert.

Auch hier geht es nicht darum, das Craving aktiv zu bekämpfen, sondern ihm die Intensität zu rauben, weil andere Reize zur Verfügung stehen. Von intensivem Sport, über Singen bis hin zu kreativer Arbeit mit Ton kommt dafür vieles infrage. Im Umsetzungsprogramm (Kapitel 16) wird gezeigt, wie sich Ersatzhandlungen finden und anwenden lassen

Auslöser 5: Gedanken an Essen lösen

Eines der bekanntesten Experimente der Psychologie ist der sogenannte „Marshmallow-Test" (Mischel, 2014). Bei diesem wird die Selbstbeherrschung von sehr jungen Kindern auf die Probe gestellt, indem sie eine Süßigkeit vorgesetzt bekommen. Ihnen wird eine weitere Leckerei versprochen, falls sie es aushalten die erste nicht zu verspeisen. Es zeigt sich, dass Kinder, welche ihre kurzfristigen Bedürfnisse hinten anstellen können, eine bessere Schullaufbahn hinlegen und auch Jahrzehnte später in höher bezahlten Jobs arbeiten.

Diese Ergebnisse wurden auf unterschiedlichste Weise interpretiert und durch zahlreiche Variationen des Experiments näher erörtert. Rund 50 Jahre nach der ersten Durchführung ist klar: Es geht bei dem Versuch nicht um Willensstärke. Vielmehr spielen soziale Faktoren und Aufmerksamkeitslenkung eine Rolle. In nachfolgenden Experimenten wurde klar: Kinder, die das Bild von einer Süßigkeit ausgehändigt bekamen und sich anhand dessen genau ausmalen sollten, wie die Süßigkeit riechen und schmecken würde, brachen das Experiment früh ab, um sie wirklich zu bekommen. Die Kinder hingegen, welche eine reale

Süßigkeit direkt vor der Nase hatten, sich aber gedanklich mit etwas anderem befassen sollten, griffen nur selten zu.

Dieser kleine Exkurs verrät uns, wie Aufmerksamkeitslenkung dabei helfen kann, dass sich Essattacken nicht manifestieren. Dies jedoch unter der wichtigen Voraussetzung, dass bereits Sättigung durch stabilisierende Nahrungsaufnahme erreicht wurde (siehe Kapitel 10).

Zudem sollte Aufmerksamkeitslenkung vor allem dann angewendet werden, wenn Gedanken an Essen sich intensivieren, und nicht als stetige Ablenkung. Der Unterschied zwischen Aufmerksamkeitslenkung und Ablenkung ist, dass nicht versucht wird einen Gedankeninhalt, um jeden Preis zu verdrängen, sondern lediglich sich anderweitig zu beschäftigen. Dafür kommt neben der langfristigen Umstellung der Denkmuster (siehe Kapitel 12) insbesondere die Aufnahme einer spannenden Tätigkeit infrage.

Auslöser 6: Heimkehr lösen

Die Rückkehr in die eigenen vier Wände ist für viele von Binge Eating Betroffene die erste Gelegenheit im Geheimen dem Druck und der Anspannung nachzugeben, die sich im Verlauf des Tages aufgebaut haben. Während es am Arbeitsplatz oder unter Bekannten schwerfällt, unbemerkt große Mengen an Essen zu verspeisen, ist dies im eigenen Zuhause meist ohne Einschränkungen möglich. Der verbesserte Umgang mit den obigen Auslösern wirkt sich zwar positiv auf die Situation aus, dennoch können weitere Maßnahmen getroffen werden, um die Auftrittswahrscheinlichkeit von Essattacken noch weiter zu verringern. Dazu zählen die Entfernung von Lebensmitteln die typischerweise während der Heimkehr gegessen werden, die Reduktion von Spiegeln im Haushalt und einige weitere Punkte, die in Kapitel 15 im Detail geschildert werden.

Allgemein sollte das Ziel sein, das eigene Heim zu einem sicheren Ort zu machen, der möglichst wenig Anlass dazu bietet, Selbsthass zu entwickeln oder diesem nachzugehen. Da die Beobachtung durch andere fehlt, kann es helfen, kurz vor Betreten des Wohnraums ein Telefonat mit einer bekannten Person zu beginnen um so einen fließenden Übergang zu ermöglichen und den Moment zu überlagern, in dem es für gewöhnlich zum Bruch zwischen Öffentlichkeit und Privatsphäre kommt. Da der Drang innerhalb der ersten Minuten des Betretens der eigenen Räumlichkeiten am stärksten ist, genügen oft schon wenige Minuten Gespräch um die Situation zu normalisieren.

Auslöser 7: Langeweile lösen

Auch Langeweile ist ein nicht zu unterschätzender aversiver Zustand und insofern gefährlich, als dass sie durch fehlende äußere Stimulation geprägt ist. Dies lässt die starken Emotionen, die während und nach Essattacken auftreten, meist unterbewusst umso attraktiver erscheinen (Fairburn, 2013). Innerhalb der Psychologie wird Langeweile insbesondere im Zusammenhang mit mangelnder *Fähigkeit zur Selbstbeschäftigung* betrachtet. Die Fähigkeit zur Selbstbeschäftigung ist ein etwas hochtrabender Begriff für Kreativität und meint im Grunde, individuelles Schaffen, bei dem es nicht um die Anerkennung durch andere geht.

Es spielt hierbei keine Rolle, wie angesehen oder sinnvoll die Tätigkeit ist, sondern vor allem, ob sie dem Tätigen ermöglicht im Moment aufzugehen. Dann hat sie den positiven Nebeneffekt nicht nur Langeweile zu vertreiben, sondern auch den Selbstwert zu stärken. Allgemein führt die Beschäftigung mit vielen unterschiedlichen Themenbereichen zu einem komplexeren Identitätsgefüge, welches resistenter gegen Rückschläge macht und emotionalen Schwankungen stabilisierend entgegenwirkt. Kapitel 14 setzt sich tiefgreifender mit der Thematik des Selbst auseinander und Kapitel 15 dient der Einführung konstruktiver Beschäftigung in den Alltag.

10

Diäten und das geheime Hauptproblem

Der Begriff „Diät" bedeutet im Ursprung lediglich so viel wie „Ernährungsform" und wird bis heute in englischsprachigen Ländern so verwendet. Im Deutschen wird er vornehmlich im Zusammenhang mit der Absicht abzunehmen verwendet. Damit beschreibt er ziemlich genau solche Ernährungsformen, die typisch für Betroffene von Binge Eating sind. Die meisten Abnehmdiäten richten sich vor allem an den kurzzeitigen Gebrauch für Übergewichtige. Für langfristige Erfolge sind sie hingegen nicht geeignet, da sie vornehmlich mit den folgenden drei Methoden arbeiten (Fairburn, 2013):

- Nahrungsaufnahme aufschieben
- Nahrungsmenge reduzieren
- Bestimmte Lebensmittel tabuisieren

Diese drei Arten mögen zwar zur Bekämpfung akuter Adipositas taugen und haben daher ihre Berechtigung, jedoch behindern sie die Aufrechterhaltung von Normalgewicht, wenn sie anschließend weiterverwendet werden. Alle drei Methoden erhöhen die Wahrscheinlichkeit von Essattacken, besonders dann, wenn sie extrem und strikt sind. Als extrem wird z.B. ein hohes Kaloriendefizit gesehen, welches das Hungergefühl befeuert. Als strikt gelten unter anderem hochspezifische Diäten, die eng umgrenzen, welche Lebensmittel gegessen werden dürfen und welche nicht.

Wenn die Abnehmdiät langfristig verfolgt wird, wird sie als *gezügeltes Essverhalten* bezeichnet. Dabei ist klar zwischen gezügeltem Essverhalten und bewusstem Essverhalten zu trennen. Während bewusstes Essverhalten ein breites Spektrum an Zielen abdeckt und flexiblen Umgang mit Lebensmitteln ermöglicht, entspricht gezügeltes Essverhalten einem strengen Kodex, dessen Befolgung unabdingbar für das Erreichen des einzig wahren Ziels – dem schönen Körper – ist. Wer diesem Vorgehen folgt, setzt Psyche und Körper einem stetigen Druck aus, dem diese zwangsläufig immer wieder aufs neue nachgeben müssen. Dieses Nachgeben wird Mittels Alles-oder-Nichts-Denken als Fehlschlag gewertet, der auf eigene Unzulänglichkeit zurückgeführt und als unveränderbar wahrgenommen wird.

Anstatt die eigenen Handlungsmöglichkeiten wahrzunehmen und von ihnen Gebrauch zu machen, treten Hoffnungslosigkeit und Selbstverachtung auf den Plan, die sich nicht nur auf das Thema „Ernährung" erstrecken. Ein solcher innerer Zustand berührt gleich mehre Auslöser für Binge Eating und führt damit unvermeidlich irgendwann zu einer Essattacke. Somit ist es unerlässlich gezügeltes Essverhalten abzulegen, wenn man Binge Eating überwinden möchte.

Selbsttest auf gezügeltes Essverhalten:

1. Was esse ich während meiner Essattacken?
2. Beschränke ich bewusst die Lebensmittel, die ich essen darf, um ein bestimmtes Ziel zu erreichen?
3. Versuche ich, über lange Zeiträume hinweg nichts zu essen?
4. Versuche ich bei der Menge die ich esse unter einer bestimmten Kalorien-Grenze zu bleiben?
5. Verzichte ich auf bestimmte Lebensmittel, weil ich befürchte, dass sie mich fett machen?
6. Sehe ich einen Verstoß gegen eine meiner Essensregeln als kompletten Fehlschlag und will danach am liebsten einer Essattacke nachgehen?
7. Treten meine Essattacken häufig auf, nachdem ich etwas Verbotenes oder mehr gegessen habe als ich sollte?

Gezügeltes Essverhalten erklärt das Auftreten von Essattacken besser, als vermeintliche Charakter- oder Willensschwäche. Das zeigte sich nicht zuletzt im berühmt-berüchtigten „Minnesota Starvation Experiment" aus dem Jahr 1945 (z.B. Müller et al., 2015). Dieses fand über den Zeitraum von einem Jahr statt und wurde an überdurchschnittlich widerstandsfähigen gesunden Männern durchgeführt. Während drei Phasen wurde eine unterschiedliche Kalorienbilanz instruiert. Während zur Anfangszeit für drei Monate 3200 kcal an der Tagesordnung standen, erfolgte anschließend für sechs Monate eine Restriktion auf 1570 kcal am Tag. Diese führte schnell zu großem Heißhunger unter den Probanden: *„Es scheint, als hätten sich meine Knochen, meine Muskeln, mein Magen und mein Verstand in ihrer Sehnsucht nach Essen vereint."*

Während der eine heimlich in die Stadt ging, um dort riesige Portionen Eis zu verschlingen, aß ein anderer vor lauter Verzweiflung sogar Essensreste aus dem Müll. Interessanter ist dabei, dass nahezu alle Probanden, die anschließend die Möglichkeit hatten ihre Portionen selbst zu wählen, von regelmäßigen Essattacken geplagt waren. Diese fanden auch dann noch statt, als das Experiment längst vorbei und Normalgewicht wieder erreicht war. Teilweise wurden dabei auch in den eigenen vier Wänden über 10.000 kcal konsumiert.

Übermäßig strikte Diäten sorgen dafür, dass der Körper Alarm schlägt und davon ausgeht es mit einer sehr unwirtlichen Umgebung zu tun zu haben, in der nicht damit zu rechnen ist, häufig auf ausreichend Nahrung zu treffen. In einer solchen Umwelt wäre es über unzählige Jahrtausende die gesündeste Reaktion, sobald sich die seltene Gelegenheit ergibt so viel und so schnell zu Essen wie irgend möglich. Da wir es mittlerweile jedoch mit einem gänzlich anderen Nahrungsumgebung zu tun haben als in früheren Zeiten, und hochkalorische Lebensmittel überall zur Verfügung stehen, entwickelt sich schnell Übergewicht. Dieses veranlasst dann wiederum zu einer noch strengeren Diät, die noch um ein vielfaches wahrscheinlicher gebrochen wird. Dieser Teufelskreis führt zu einer gefährlichen Abwärtsspirale der regulären Mahlzeiten und zu einem noch beklemmenderem Aufwärtstrend der Essattacken. So nehmen diese mehr und mehr Raum ein und werden von vielen Betroffenen als Bestätigung ihrer Disziplin- und Wertlosigkeit fehlinterpretiert, obwohl es sich eigentlich um einen „normalen" Automatismus eines jeden Körpers handelt.

Dieser Teufelskreis der strikteren Diäten ist eines der Hauptprobleme von Binge Eating und muss daher um jeden Preis durch stabilisierendes Essverhalten durchbrochen werden (Fairburn, 2013).

Dass das Ablegen von Diäten eine zentrale Rolle spielt, zeigt sich auch darin, dass ein großer Teil der Betroffenen von Essstörungen erst über die Erprobung verschiedenster Diäten zu ihrer Problematik gelangt ist. Dazu zählen auch viele ehemals Übergewichtige, die durch Diäten große Erfolge erzielen konnten und diese um jeden Preis aufrechterhalten wollen. Doch auch für Normalgewichtige scheinen Diäten immer gängigere Praxis. Während die allgemeine Gesellschaft im Verlauf der letzten Jahre übergewichtiger wurde, sank zugleich das Ausgangsgewicht, mit dem eine Diät aufgenommen wurde (z.B. Tsai et al., 2006).

Der Großteil der Menschen ist mit ihrem Körper nicht vollständig zufrieden. Der Teil, der bereit ist etwas daran zu ändern, gerät unweigerlich an zwei Möglichkeiten der Gewichtsveränderung: Sport und Ernährungsumstellung. Während Sport weniger Kalorien verbrennt als allgemein angenommen (30 Minuten Badminton verbrauchen z.B. ca. 214 kcal), sind Diäten mit weniger Aufwand verbunden und nehmen kaum zusätzliche Zeit in Anspruch. So entscheiden sich 90 % der Frauen, die gerne abnehmen würden für eine Diät (z.B. Allensbacher Archiv, IfD Umfragen, 2014). Innerhalb eines Zeitraums von zwei Jahren halten über 80 % der Frauen mindestens einmal Diät. Wobei es bei den wenigsten bei nur einer Diät bleibt. Im Schnitt hat jede abnehmwillige Frau bereits sieben verschiedene Diäten hinter sich.

Dies ist zu teilen auch dem Fakt zu verdanken, dass hinter den Diät-Angeboten eine Multi-Milliarden-Euro-Industrie steckt, deren Ziel es ist, so viele Kunden wie möglich zu gewinnen. Dabei kommen nicht nur adipöse Menschen infrage – die eigentliche Zielgruppe, für die eine gute Diät tatsächlich sinnvoll sein kann – sondern im Grunde alle, die sich in ihrem eigenen Körper unwohl fühlen. Hinzu kommt, dass jene, deren Diät erfolgreich verläuft, keine langfristigen Kunden werden, weshalb es auf wirtschaftlicher Ebene genügend Anreize gibt, Diäten anzubieten, die nur kurzfristig funktionieren.

Der wahre Grund für den Jo-Jo-Effekt

Nach Ende einer Diät tritt häufig die unerwünschte Zunahme von Körpergewicht ein. Dies wird von Betroffenen dann entweder auf persönliche Mängel oder die Wahl des falschen Diät-Programms zurückgeführt und so als Anlass genommen, mit der nächsten Diät zu beginnen. Jedoch hat der sogenannte „Jo-Jo-Effekt" meist eine ganz andere Ursache. Sobald eine Diät nach Erfolg oder Misserfolg beendet wird, wird häufig wieder eine ähnliche Essweise an den Tag gelegt wie vor der Diät. Das Problematische hieran ist, dass es in der Regel eben jene Essweise war, die auf lange Sicht zur (gefühlten) Notwendigkeit einer Diät geführt hat. Entsprechen ist es naheliegend, dass sich derselbe Vorgang ein weiteres Mal wiederholt mit der nächsten Diät als Endpunkt. Wiederholt sich dieser Prozess des Öfteren, hat das einen sehr negativen Einfluss auf den Metabolismus, der es zunehmend schwieriger macht abzunehmen (Michel & Willard, 2008).

Doch es existiert eine einfache Lösung: auf die Reduktionsdiät sollte immer eine *Aufrechterhaltungs-Di*ät folgen, die dem Ziel dient weder zuzunehmen, noch abzunehmen. Diese ist im eigentlichen Sinne keine umgangssprachliche „Diät", sondern entspricht der stabilisierenden Ernährungsweise, welche sich ohnehin für Betroffene von Binge Eating empfiehlt und die zu Ende dieses Kapitels beschrieben wird.

Wer nicht im medizinischen Sinne bedenklich übergewichtig ist (siehe Kapitel 6) sollte im Übrigen keinerlei Reduktionsdiät durchführen und sich auf die stabilisierende Ernährungsweise beschränken. Betroffene der Binge Eating Störung bilden hier (im Gegensatz zu Betroffenen der Bulimie oder Anorexie) einen Sonderfall, weil viele von Ihnen keiner Diät nachgehen und daher adipös sind. Im Fall von Adipositas (und nur dann!) ist eine Reduktionsdiät sinnvoll (500 kcal Defizit nach Empfehlung der

Deutschen Adipositas Gesellschaft). Jedoch nur solange, bis annähernd Normalgewicht erreicht wurde. Danach muss umgehend zur stabilisierenden Ernährungsweise übergegangen werden. Auch gilt es zu beachten, dass die Reduktionsdiät mit Ausnahme der Kalorienreduktion denselben Prinzipien folgen sollte, wie die stabilisierende Ernährungsweise (siehe übernächster Abschnitt dieses Kapitels).

Alternativen zu Diäten und Essattacken

Das erste Ziel der Ernährungsweise sollte immer die körperliche und mentale Gesundheit sein und nicht die Reduktion des Körpergewichts. Essstörungen sind eine schwerwiegende Problematik, deren Überwindung Priorität vor etwaiger Gewichtsregulation haben muss. Nur so kann eine langfristige Lösung gefunden werden, die im Übrigen auch auf sämtliche Faktoren, denen die Gewichtsabnahme dienen soll (z.B. Wohlfühlen im eigenen Körper und Attraktivität) einen positiven Einfluss hat.

Aus biologischer Sicht ist es vor allem die mit ihm assoziierte Gesundheit, die den Körper attraktiv macht (z.B. Mazda, 2016). Es kommen zwar auch soziale Faktoren hinzu, die je nach kulturellem Umkreis oder Zeitraum einen Einfluss haben (siehe z.B. „Rubensfrauen"), aber auch dieser moderiert lediglich den unter ihm wirkenden Effekt evolutionsbiologischer Mechanismen. Dies hat zur Folge, dass eine leicht übergewichtige, aber gesunde Person im Schnitt als deutlich attraktiver wahrgenommen wird, als eine Person mit Normalgewicht, die dieses nur durch Purging aufrechterhält. Der Fokus darauf, die eigene Gesundheit an erste Stelle zu setzen, verhilft also in jedem Fall zu einem besseren Ergebnis.

Vom erweiterten Diätbegriff zur gesunden Ernährungsweise

Die Affinität zu Diäten lässt sich konstruktiv nutzen, indem Betroffene zu einer weiten Definition des Begriffs „Diät" als spezielle Ernährungsform zurückkehren und sich dabei auf die stabilisierende Ernährungsweise beziehen. Denn auch wenn auf rationaler Ebene bereits klar ist, dass Binge Eating und Diäten im Sinne von gezügeltem Essverhalten ungesund ist, fällt die Umsetzung einigen Betroffenen sehr schwer. Deshalb ist es hilfreich, einen fließenden Übergang zwischen der alten und der neuen Verhaltensweise herzustellen. Zusätzlich hilft es, nicht nur über die negative Verhaltensweise Bescheid zu wissen, sondern auch die positive Alternative genauer zu betrachten. Da der Begriff „gesund" sich jedoch oft nur auf spezielle Lebensmittel beschränkt und mitunter auch für selbstschädigende Diäten verwendet wird, sind viele ratlos und infolgedessen auch tatlos. Der Diskurs, was gegessen werden sollte, ändert sich auch im Rahmen der Wissenschaft alle paar Jahre oder fällt im Rahmen bestimmter Lebensmittel sehr kontrovers bzw. uneindeutig aus – z.B. bei Kaffeekonsum oder der Verwendung von Kokosöl. Zur Überwindung von Binge Eating ist jedoch deutlich wichtiger, wie gegessen wird. Und glücklicherweise ist die Forschungsliteratur hinsichtlich dieses Punktes sehr viel eindeutiger (z.B. Fairburn et al., 1993).

Die Grundannahme, der alle relevanten Ansätze folgen, ist die, dass es vonnöten ist, eine Brücke zwischen der ungesunden und der gesunden Ernährungsweise zu konstruieren, indem zunächst ermittelt wird, wie es zur jeweiligen Ernährungsweise kommt. Nur so kann die individuelle Bedeutung des Essens verstanden werden und ein Übergang von der ungesunden zur gesunden Lebensweise stattfinden.

Die vier bedeutendsten Herangehensweisen (im Fachjargon *Paradigmen*) sind die folgenden:

- **Entwicklungsparadigma:** Esserhalten ist erlernt und kommt als Reaktion auf äußerliche Bedingungen wie Einwirkung anderer Personen oder neuer Situationen zustande. Auf demselben Weg kann es auch wieder verlernt bzw. umgelernt werden.
- **Kognitives Paradigma**: Es gibt spezielle Denkweisen, die Essverhalten prägen und vorhersagen. Die wichtigsten *Kognitionen* (Denkinhalte) sind *Verhaltenskontroll*überzeugungen („*Wie schwer wird es mir fallen mein Essverhalten zu ändern?*"), subjektive Normen („*Was denken meine Freunde über das neue Essverhalten?*") und Einstellungen („*Was halte ich selbst von dem Verhalten?*").
- **Physiologisches Paradigma**: Chemische Prozesse (Hormone, Neurotransmitter,...) im Körper regulieren das jeweilige Essverhalten.
- **Sozialpsychologisches Paradigma:** Der Mensch ernährt sich nicht losgelöst von seiner Umwelt. Essen ist ein Medium für soziale Themen wie Kontrolle, Kommunikation und Konflikt.

Eine gute Intervention für Binge Eating muss allen vier Perspektiven gerecht werden. Dutzende Behandlungsprogramme kommen diesem Anspruch nach, wobei insbesondere das von Christopher G. Fairburn durch herausragende Ergebnisse besticht (Fairburn, 2013). Auf ihn geht auch die stabilisierende Ernährungsweise zurück. Sie wurde als Reaktion auf die drei Aspekte des gezügelten Essverhaltens entwickelt und hat sich im Rahmen klinischer und selbstständiger Interventionen als so erfolgreich erwiesen, dass sie fester Bestandteil der meisten Therapien zu Binge Eating ist.

Die stabilisierende Ernährungsweise

Schädlicher Aspekt 1: Die Nahrungsaufnahme aufschieben

Statt die Nahrungsaufnahme hinauszuzögern, sollen regelmäßige Mahlzeiten und Snacks über den Tag verteilt und geplant werden.

Schädlicher Aspekt 2: Die Nahrungsmenge reduzieren

Statt sich auf die Reduktion der Nahrungsmenge zu konzentrieren, sollte diese dem eigenen Verbrauch entsprechen. Dieser kann mittels Online-Rechnern oder den Tabellen im nächsten Abschnitt in Erfahrung gebracht werden. Als Inspiration kann auch die Essensmenge von normalgewichtigen Personen aus dem näheren Umfeld dienen, die nicht von Essproblemen betroffen sind. Es muss darauf geachtet werden, dass die Referenzperson das gleiche Geschlecht hat, sowie sich ungefähr im selben Alter befindet und ähnlich körperlich aktiv ist.

Schädlicher Aspekt 3: Bestimmte Lebensmittel tabuisieren

Statt bestimmte Lebensmittel komplett aus dem eigenen Leben zu entfernen und sie dadurch noch begehrlicher zu machen, sollten sie normalisiert werden. Dazu müssen sie vom Binge Eating entkoppelt werden, indem sie ab und zu Platz in einer geplanten Mahlzeit finden. So werden sie nicht mehr nur im Rahmen eines „Regelverstoßes" zu sich genommen und fungieren immer seltener als Auslöser.

Bereits das Einhalten dieser drei Regeln führt zu einer deutlichen Reduktion der Essattacken und ist daher nicht zu unterschätzen. Trotz ihrer Einfachheit haben sie sich bewährt und bilden das Fundament eines konstruktiven Umgangs mit Binge Eating. Dieser Effekt tritt ungeachtet der spezifischen Lebensmittel ein, die verzehrt oder nicht verzehrt werden. Wie gegessen wird, ist deutlich wichtiger als das, was gegessen wird.

Zusätzlich haben sich die folgenden 13 Regeln als wirksam zur Überwindung von Essanfällen erwiesen.

13 Regeln des gesunden Essverhaltens

Regel 1: Überwindung von Binge Eating priorisieren

Der Betroffene muss es sich zum Ziel machen, zunächst normales Essverhalten wiederherzustellen. Wenn, dann kommt Abnehmen überhaupt nur als weit untergeordnetes Ziel infrage. Denn die psychischen Folgen von Binge Eating sind immens und es spricht vieles dafür, dass die Essattacken eine zentrale Rolle beim Aufbau etwaigen Übergewichts gespielt haben. Wenn das Problem an der Wurzel gepackt wird, bessern sich dessen Symptome mit der Zeit von ganz alleine. Der Teil der Symptome, der sich nicht gebessert hat, kann im Anschluss immer noch behandelt werden und das effektiver, da sich nicht zugleich um Essanfälle gekümmert werden muss. Selbst falls es innerhalb der ersten Wochen zu einer Zunahme an Körpergewicht kommen sollte, lohnt sich die Behandlung und gleicht diesen Effekt auf lange Sicht durch einen gesünderen und wohlgeformteren Körper aus.

Regel 2: Regelmäßig Essen

Regelmäßiges Essen ist die wichtigste Veränderung. Es reduziert die Wahrscheinlichkeit von Essattacken drastisch und macht den zentralen Unterschied zwischen dem Essverhalten von Binge Eatern und gewöhnlichem Essverhalten aus.

Als regelmäßiges Essen zählen drei geplante Hauptmahlzeiten am Tag, die durch zwei bis drei geplante Snacks ergänzt werden. Geplant bedeutet, dass die Mahlzeiten mindestens einen und besser einige Tage im Voraus in einem Kalender oder einer Tages-/Wochenübersicht mit Uhrzeit eingetragen werden. Die genaue Tageszeit spielt dabei keine Rolle. Es zählt vor allem, dass sich die Mahlzeiten in den Tagesablauf integrieren lassen und zwischen ihnen keine größeren Pausen als vier Stunden liegen.

Wichtig: Es soll nur geplant werden, wann und in welchem Kontext (Frühstückstisch, Mittagspause, ...) die Mahlzeiten eingenommen werden. Nicht aber, was während der Mahlzeiten genau gegessen wird. Die einzige Voraussetzung, die die Mahlzeiten erfüllen müssen, ist, dass sie satt machen.

Es dürfen weder Mahlzeiten ausgelassen noch weitere im Laufe des Tages zwischen den ursprünglich geplanten hinzugefügt werden.

MONTAG	DIENSTAG	MITTWOCH	DONNERSTAG	FREITAG	SAMSTAG	SONNTAG
8:00 Frühstück	8:00 Frühstück	8:00 Frühstück	8:00 Frühstück	8:00 Frühstück	10:00 Frühstück	10:00 Frühstück
10:00 Snack Büro	10:00 Snack Büro	10:00 Snack Büro	10:00 Snack Büro	10:00 Snack Büro		
12:30 Mittag Arbeitspause	12:30 Mittag Arbeitspause	12:30 Mittag Arbeitspause	12:30 Mittag Arbeitspause	12:30 Mittag Arbeitspause	12:30 Mittag	12:30 Mittag
15:00 Snack Büro	15:00 Snack Büro	15:00 Snack Büro	15:00 Snack Büro	15:00 Snack Büro	15:00 Snack	15:00 Snack
18:00 Abendessen	18:00 Abendessen	18:00 Abendessen	18:00 Abendessen	18:00 Abendessen	18:00 Abendessen	18:00 Abendessen
					20:00 Snack	20:00 Snack

Beispielplanung einer Büroangestellten

Regel 3: Flexibel planen

Zwar sollen sämtliche Mahlzeiten im Vorhinein geplant werden, jedoch nicht nach einem strikten Muster im Sinne von: „Jeden Tag wird um 15 Uhr Mittag gegessen, egal was kommt." Stattdessen müssen die Mahlzeiten individuell auf den jeweiligen Tagesverlauf abgestimmt werden, sodass Mahlzeiten nicht ausfallen oder verschoben werden. Die Mahlzeiten sollten zugleich wie ein wichtiger Termin behandelt werden, der Priorität vor anderen Ereignissen und Tätigkeiten hat.

Auch wer den Tag über unterwegs ist, findet einen Weg: Mahlzeiten können vorgekocht und in einer Lunchbox transportiert werden. Als Snack kommen auch einfach transportierbare Speisen, wie Nüsse oder Reiswaffeln infrage.

Regel 4: Richtig mit Körpersignalen umgehen

Binge Eating sorgt nicht nur für eine gestörte Selbstwahrnehmung, sondern auch für problematische Körpersignale, wofür der rauschähnliche Zustand, der Essattacken begleitet, nur ein Beispiel von vielen ist. Auf die physiologischen Prozesse, die dabei eine Rolle spielen, werden wir in diesem Kapitel noch eingehen. Zunächst aber ist es für Betroffene wichtig zu wissen, dass die eigenen Körpersignale, die für gewöhnlich eine gute Quelle für Gesundheitsinformationen sind, in diesem Fall nicht verlässlich sind. So sollte zumindest in Sachen Essverhalten nicht auf diese vertraut werden, sondern immer die Planung an erster Stelle umgesetzt werden. Andernfalls lotst der Körper die betroffene Person wieder in ihr altes Störungsbild zurück.

Die eigenen Körpersignale zu umgehen ist nicht immer einfach. So kann es z.B. passieren, dass sich eine eigentlich normale Sättigung nach dem Frühstück wie ein Rückfall anfühlt und mit Schuldgefühlen und der Angst fett zu werden einhergeht. Infolgedessen werden dann z.B. die nächsten Mahlzeiten/Snacks übersprungen, wodurch dann beim Abendessen eine Essattacke stattfindet. Vertrauen in den Prozess spielt deswegen eine große Rolle. Insbesondere Betroffene, die bereits mehrere Abnehmdiäten hinter sich haben, befürchten, dass die Art, wie sie gerade essen, falsch sein und sie fett machen könnte.

Deshalb ist es auch Teil dieses Buches sämtliche Hintergründe zu beleuchten, damit der Leser im Detail nachvollziehen kann, warum er den hier geschilderten Regeln folgen sollte und ein entsprechendes Vertrauen für den Prozess entwickelt.

Auch, nachdem kaum noch Essanfälle stattfinden, dauert es eine ganze Weile bis sich die Körpersignale wieder normalisieren und im Sinne der eigenen Gesundheit arbeiten. Bis zu diesem Zeitpunkt ist äußerste Vorsicht geboten, was das Bauchgefühl anbelangt.

Regel 5: Sich sattessen

Für die Bekämpfung von Essattacken ist zunächst einmal egal, was gegessen wird, wichtig ist nur, dass es ausreichend ist um satt zu werden. Ohne Hunger treten Essattacken deutlich seltener auf. Zwar fühlen sich viele Betroffene wohl und „sauber", wenn ihr Magen komplett leer ist, oder Mahlzeiten lange aufgeschoben werden, doch diese Körperwahrnehmung ist Teil irreführender Körpersignale.

Als grobe Daumenregel, wie viel gegessen werden darf, können die Portionsmengen von Kochrezepten oder die Menge, die von normalgewichtigen Bekannten gegessen wird, dienen. Eine genauere Angabe geht aus den Richtwerten der täglichen Energiezufuhr hervor (siehe z.B. Deutsche Gesellschaft für Ernährung).

RICHTWERTE FÜR DIE ENERGIEZUFUHR IN KCAL/TAG - FRAU			
ALTER	NORMALE AKTIVITÄT	MITTLERE AKTIVITÄT	HOHE AKTIVITÄT
15-19	2000	2300	2600
19-25	1900	2200	2500
25-51	1800	2100	2400
51-65	1700	2000	2200
65 (+)	1700	1900	2100

Quelle: Deutsche Gesellschaft für Ernährung

RICHTWERTE FÜR DIE ENERGIEZUFUHR IN KCAL/TAG - MANN			
ALTER	NORMALE AKTIVITÄT	MITTLERE AKTIVITÄT	HOHE AKTIVITÄT
15-19	2600	3000	3400
19-25	2400	2800	3100
25-51	2300	2700	3000
51-65	2200	2500	2800
65 (+)	2100	2500	2800

Quelle: Deutsche Gesellschaft für Ernährung

Es ist von großer Bedeutung derlei Angaben nicht als exakte Richtlinie zu verwenden, sondern nur als ungefähren Anhaltspunkt, um nicht zu stark nach oben oder unten abzuweichen. Wenn z.B. ein Wert von 2.200 kcal am Tag vorgeschlagen wird, dann sollten keine Kalorien gezählt und ab dem Erreichen von 2.300 vom Plan abgewichen werden. Stattdessen ist alles zwischen 1.800 kcal und 2.700 vollkommen in Ordnung, solange es zur Sättigung führt.

Regel 6: Keine langen Pausen zulassen

Wir erinnern uns, dass bereits der Gedanke an Essen ein Auslöser für Essattacken sein kann. Entsprechend unratsam sind längere Zeiträume ohne Nahrungsaufnahme, die Hunger auslösen. Damit es gar nicht erst dazu kommt, darf zwischen den Mahlzeiten oder Snacks keine längere Pause als vier Stunden liegen, wobei kürzere Pausen von etwa zwei bis drei Stunden noch empfehlenswerter sind.

Regel 7: Keine Kompensationsmaßnahmen

Es dürfen auf keinen Fall im Nachhinein Mahlzeiten im Verlauf des Tages abgeändert werden. Viele Betroffene haben das Bedürfnis die Menge, die während einer Mahlzeit zu viel aufgenommen wurde, von zukünftigen Mahlzeiten abzuziehen. Durch gestörte Körperwahrnehmung schwankt das interne Mengenmaß jedoch stark, sodass im Prinzip jeder Bissen als Fehltritt gewertet wird und vermeintlich kompensiert werden muss.

Diesem inneren Druck darf auch nicht anderweitig nachgegeben werden, indem z.B. versucht wird sämtliche Kalorien durch Sport wieder zu verbrennen. Körperliche Aktivität hat ihre Berechtigung und ihren Platz bei der Überwindung von Binge Eating (mehr dazu in Kapitel 15), doch dieser liegt nicht in der Kompensation von stabilisierendem Essverhalten. Oberstes Ziel ist nicht ein Kaloriendefizit zu erreichen, sondern die Essattacken zu verhindern, die hauptsächlich für das, was kompensiert werden soll verantwortlich sind.

Regel 8: Gewohnheiten finden, die vom Völlegefühl ablenken

Wer von Binge Eating betroffen ist, verabscheut das Völlegefühl, das sich nach den Essattacken einstellt. Leider ist es vielen Betroffenen nur schwer möglich, zwischen Überessen und ganz normaler Sättigung zu unterscheiden und so kann beides eine Essattacke auslösen. Da Sättigung fester Bestandteil der stabilisierenden Ernährung ist, sollte nach den Mahlzeiten eine kurze Aktivität mit eingeplant werden, die von den Sättigungsgefühlen ablenkt. Ein kurzer Sprint um den Block, der Anruf bei Freunden oder das Gespräch mit einem Arbeitskollegen sind nur ein paar Beispiele. Weitere werden in Kapitel 16 genannt.

Regel 9: Dichotomes Denken neutralisieren

Durch Alles-oder-Nichts-Denken passen viele Betroffene ihren Essensplan schon nach dem kleinsten Rückschlag an oder greifen auf Purging zurück. Beides verhindert, dass sich Binge Eating abgewöhnt wird. Stattdessen soll auch nach Rückschlägen der Plan wie gewohnt verfolgt werden. Dem dichotomen Denken sollen dabei die folgenden Informationen entgegengesetzt werden:

- Der Körper zieht nicht alle 24-Stunden auf magische Art und Weise Kalorienbilanz, sondern verarbeitet Nahrung kontinuierlich. Am Ende kommt es vielmehr auf Wochen und Monate an, statt auf Tage. Essanfälle werden über einen so langen Zeitraum ganz von alleine kompensiert, solange sie nicht regelmäßig vorkommen oder Purging auftritt.

- Rückschläge sind normal und widerfahren allen, die versuchen Binge Eating zu überwinden. Sie werden in die Behandlung mit einbezogen und sind kein Anlass sie zu beenden. Es gibt keinen Grund, warum ein paar Rückfälle den Gesamtfortschritt behindern sollten. Es muss das große Ganze betrachtet werden, nicht nur einige Momente.
- Es kommt nicht auf die Kalorien an, sondern auf die langfristige (!) Verhaltensänderung. Diese ist nur möglich, wenn mit Rückfällen konstruktiv umgegangen wird (siehe „Spickzettel für Rückfälle" am Buchende).

Regel 10: Perfektionsdrang ins Leere laufen lassen

Die Planung der Mahlzeiten und ihre Ausführung müssen nicht perfekt sein - schon gar nicht von Anfang an. Auch, wenn zunächst nur eine oder zwei reguläre Mahlzeiten am Tag gelingen, ist das schon ein immenser Fortschritt. Wenn die Umsetzung schwerfällt, dann kann beim absoluten Minimum des Möglichen begonnen werden und dieses über Wochen und Monate hinweg Stück für Stück gesteigert werden. Die Gewohnheiten des Binge Eating hat sich über viele Monate und Jahre aufgebaut und gefestigt, deshalb braucht es manchmal etwas länger, bis sie wieder verlernt werden kann.

Regel 11: Abführmittel und Entwässerungsmittel langsam ausschleichen und wegwerfen

Abführmittel und Entwässerungsmittel sind nicht nur schädlich, sondern auch wirkungslos für die Fettabnahme (siehe Kapitel 6). Es gibt also keinen Grund sie zu konsumieren. Wenn sie ausschließlich nach Essanfällen eingenommen wurden, sollten sämtliche Vorräte sofort entsorgt werden. Falls sie regelmäßig verwendet wurden, kann es passieren, dass sich innerhalb der ersten Woche sehr viel Wasser ansammelt. Dieses wird wieder abgebaut, was allerdings mehrere Tage in Anspruch nehmen kann. Es ist wichtig darüber aufgeklärt zu sein, dass es sich bei der kurzfristigen Gewichtssteigerung nicht um fett, sondern ausschließlich um Wasser handelt, das nach spätestens zehn Tagen wieder komplett den Körper verlassen hat. Dennoch kann dieser Zustand unangenehm sein, weshalb es hilft die Mittel Stück für Stück auszuschleichen, indem die Dosis zuerst halbiert, dann geviertelt und schließlich komplett weggelassen wird.

Regel 12: Bewusst und in normaler Geschwindigkeit essen

Langsames und bewusstes Essen reduziert die Auftretenswahrscheinlichkeit von Essattacken. Aus diesem Grund sollte die Nahrung oft genug gekaut und nicht beim Betrachten von Filmen oder Serien zu sich genommen werden. Es ist wichtig sich nicht durch andere Tätigkeiten abzulenken und stattdessen die volle Konzentration auf den Geschmack und das Esserlebnis zu lenken. Zwischendurch das Besteck abzulegen und innezuhalten hilft dabei.

Regel 13: Kein „Resteessen"

Falls Essen beim Kochen übrig bleibt, sollen diese Reste nicht aufbewahrt, sondern bei nächster Gelegenheit entsorgt werden. Andernfalls stellen sie eine zu große Versuchung dar und können Essattacken auslösen. Bedenken wegen Lebensmittelverschwendung sind verständlich, jedoch muss betont werden, dass vergleichbare Situationen nur selten vorkommen und die langfristige Überwindung von Binge Eating dieses kleine Opfer in jedem Fall wert ist. Nicht zuletzt, weil dadurch langfristig deutlich weniger Lebensmittel durch Essattacken verschwendet werden.

11

Nahrungsmittel Grundkurs

Die wesentlichen Erfolge der Binge Eating Behandlung gehen auf die Art, wie gegessen wird zurück. Zugleich soll nicht unterschlagen werden, dass auch das, was gegessen wird eine Rolle spielt. Jedoch auf andere Weise als es zunächst den Anschein hat.

Empfehlungen für oder Abraten gegen bestimmte Lebensmittel sind schwer zu treffen und selbst viele Angaben von Institutionen sind problematisch. So z.B. die bis heute in vielen Schulen gelehrte Ernährungpyramide, welche zu viele kurzkettige Kohlenhydrate und zu wenig wertvolle Fette und Proteine nahelegt (Willett & Stampfer, 2003).

Abseits einiger Fehltritte existieren auch gut validierte Ansätze. Problematisch ist allerdings, wie diese Ansätze in Diätprogrammen vermarktet werden. Um dem entgegenzuwirken wird sich im Folgenden auf die weniger kontroversen Grundlagen gestützt. Insbesondere das physiologische Paradigma kann ein Licht darauf werfen, welche Neurotransmitter, Hormone und sonstige Einflüsse Nahrung geeigneter oder ungeeigneter für Binge Eater machen.

Wichtig: Es geht bei den nun folgenden Erläuterungen nicht darum Inspiration für eine bestimmte Abnehmdiät zu liefern, sondern darum Sättigung zu erleichtern und den Körper wieder auf die eigene Seite zurückzuholen, sowie dadurch das Auftreten von Essattacken zu verringern. Essstörungen sind sehr vielschichtig und einige Betroffene sind übervorsichtig bei Lebensmitteln, die auch nur im geringsten als problematisch angesehen werden. Dieses Verhalten soll durch diesen Abschnitt nicht gefördert werden. Selbst dann, wenn bestimmte Lebensmittel einen negativen Einfluss auf den Körper haben, sollten von Binge Eating Betroffene sie nicht als „verboten" ansehen oder sie komplett aus ihrer Ernährung streichen. Stattdessen darf erlernt werden, dass es kein Problem ist, wenn gegen bestimmte Essregeln verstoßen wird. Es reicht aus, wenn ein großer Teil der aufgenommenen Nahrung von regelmäßigen Mahlzeiten stammt. Optimal ist es, wenn diese überwiegend aus Lebensmitteln mit hoher Nährstoffdichte bestehen und dadurch dem Körper guttun und zugleich sättigen. Der Großteil ungesunder Lebensmittel wird während Essattacken aufgenommen, weshalb nachhaltige Sättigung durch vollwertige Lebensmittel dabei hilft, diese zu verhindern:

Was sind vollwertige Lebensmittel?

Lebensmittel sind dann vollwertig, wenn sie dem Konsumenten mehr nutzen als schaden. Ihr Wert liegt in ihrem Beitrag zur Aufrechterhaltung guter Gesundheit. Der einfachste Weg diesen zu ermitteln führt für gewöhnlich über die *Nährstoffdichte* (z.B. Urbano et al., 2007). Diese ist nicht zu verwechseln mit der Energiedichte (Kalorienbilanz) eines Lebensmittels. Während die Energiedichte angibt, wie viele Kalorien pro Gramm enthalten sind, beschreibt die Nährstoffdichte, wie viele Nährstoffe sich in den zu sich genommenen Kalorien befinden. Nur selten sind hier ausschließlich Makro-Nährstoffe: Fette, Proteine und Kohlenhydrate, gemeint. Meist geht es vornehmlich um Mikronährstoffe: Vitamine, Mineralstoffe und Spurenelemente. Diese haben selbst keinen Kaloriengehalt, aber sind essenziell um die Funktionen des Körpers aufrechtzuerhalten. Vereinfacht gesagt gilt: je mehr verschiedene Mikronährstoffe sich in einem Lebensmittel befinden, desto gesünder ist es. Das Lebensmittel wird dabei nicht in Gramm gemessen (sonst wäre eine wässrige Gemüse-Suppe nur noch halb so gesund wie eine breiige mit den selben Zutaten), sondern in Kalorien.

Da der Körper zum Überleben auf bestimmte Mikronährstoffe angewiesen ist, fordert er so lange weitere Nahrungsmittel ein, bis der Mindestbedarf gedeckt ist. Wenn nun die Nährstoffbilanz der Lebensmittel schlecht ist (wenig Nährstoffe auf vielen Kalorien) müssen automatisch mehr Kalorien zu sich genommen werden. Ist sie hingegen gut (viele Nährstoffe auf wenig Kalorien), tritt eine qualitativere Sättigung ein und der Körper hat deutlich weniger Anlass dafür, eine Essattacke zu initiieren.

Nährstoffmangel kann auch bei Menschen, die nicht unter Binge Eating leiden, zu Heißhungerattacken führen und sollte daher nicht vernachlässigt werden (Ross, 2007). Statt Kalorien zu zählen, kann sich bedenkenlos an hochwertigen Lebensmitteln satt gegessen werden. Je höher die Nährstoffdichte, desto unwahrscheinlicher ist es, dass eine Menge zu sich genommen wird, die zur Zunahme führt. Ganz abgesehen von zahlreichen gesundheitlichen Vorteilen, sowie der verringerten Wahrscheinlichkeit für Essattacken. Solange ein großer Teil der aufgenommenen Nahrung diesem Prinzip gerecht wird, können im Übrigen auch weniger gesunde Lebensmittel konsumiert werden, ohne dass sich dies besonders bemerkbar macht. Es ist also nicht nötig alle Lebensmittel mit hoher Näherstoffdichte als gut und die anderen als schlecht zu deklarieren und wegzulassen. Dies würde Schwarz-Weiß-Denken bestärken und somit Binge Eating fördern.

Zudem ist die Nährstoffdichte keine Skala mit den Werten gesund und ungesund, sondern ein komplexes Spektrum zahlreicher Werte in dem die Übergänge fließend sind. So kann die Nährstoffdichte eben nur als grobe Orientierung dienen, ist aber konsistent mit den Befunden der Ernährungswissenschaft (z.B. Urbano et al., 2007. So gehören Nüsse, Samen, Gemüse, Beeren, Kräuter und Pilze zu den Lebensmitteln mit der höchsten Nährstoffdichte und Weißbrot, Süßigkeiten und Vergleichbares, haben nur eine geringe Nährstoffdichte.

Ein weiterer Faktor gesunder Ernährung ist das Mikrobiom im Darm. Was früher als Darmflora bekannt war, wird mittlerweile treffender als Biom bezeichnet, da nicht Pflanzen (Flora), sondern Kleinstlebewesen (Mikrobiom) den Darm bevölkern. Deren Einfluss ist nicht zu unterschätzen, denn sie wirken sich gleichermaßen auf Psyche und Immunsystem aus (ein ungünstiges Mikrobiom erhöht z.B. die Wahrscheinlichkeit für Autoimmunerkrankungen und Depression) (Lynch & Pedersen, 2016). Außerdem steuern sie wie und was gegessen wird (Leitão-Gonçalves et al., 2017). Dies kommt vor allem durch Bakterien zustande, deren Stammeszugehörigkeit bestimmt, welches Essen sie bevorzugen. Je mehr Nahrung ein bestimmter Stamm bekommt, desto besser entwickelt er sich und umso mehr interne Kontrolle über den Darm seines Wirts bekommt er. Im Fall von Bakterienstämmen, die gesundes Essen bevorzugen, ist dies ein großer Gewinn. Ganz anders sieht es jedoch bei solchen aus, die Junkfood favorisieren. Sie machen ihren Einfluss geltend und lenken das Mikrobiom dadurch in eine negative Richtung, die der körperlichen Verfassung schadet und Übergewicht sowie Essattacken wahrscheinlicher macht. So wurde z.B. eine Patientin mit chronischem Durchfall durch eine Stuhltransplantation von ihrem Leiden geheilt, doch nahm von diesem Zeitpunkt an plötzlich zu. Der Grund: der transplantierte Stuhl stammte von einer sonst gesunden, aber übergewichtigen Spenderin (Alan & Kelly, 2015).

Umgekehrt heißt dies aber auch, dass Übergewichtige und von Binge Eating Betroffene durch den Aufbau eines guten Mikrobioms immens profitieren können. Dies kann im Ernstfall durch eine Stuhltransplantation geschehen, geschieht sonst aber auch auf ganz natürlichem Wege. Dazu ist es lediglich nötig, regelmäßig vollwertige Lebensmittel zu sich zu nehmen, damit sich die guten Bakterienstämme vermehren. Auch probiotische Lebensmittel können helfen. Hierbei handelt es sich um Fermentationsprodukte wie Joghurt, Kefir, Käse, Kombucha, Essig, saure Gurken, etc.

Es kann bis zu zwei Jahre dauern, bis sich ein gesundes Mikrobiom vollständig gebildet hat (wobei sich schon von Anfang an positive Effekte zeigen) (Stewart et al., 2018). Aus diesem Grund ist es wichtig die eigene Ernährung langfristig auszurichten, anstatt kurzfristige Diäten zu initiieren und dadurch Essattacken zu provozieren.

Hormone und das unbekannte Organ

Körperfett ist nicht nur ein unliebsames Thema, sondern auch ein faszinierendes Organ, dessen Funktion uns vieles über die Lösung von Binge Eating verrät. Eine bestimmte Menge Körperfett (siehe Kapitel 6) ist nicht nur wünschenswert, sondern auch überlebenswichtig. Körperfett schützt nicht nur vor Entzündungen und Infektionen, sondern kommuniziert über Botenstoffe mit dem Rest des Körpers. Zu den Botenstoffen zählen Hormone und Neurotransmitter. Diese sind dafür verantwortlich, dass die Zellen, aus denen der Körper besteht, zusammenarbeiten können und haben einen entsprechen großen Einfluss auf sämtliche Prozesse des Körpers, so auch auf die Nahrungsaufnahme. Körperfett sollte also – wie jedes andere Organ auch – nicht bekämpft, sondern stattdessen richtig gepflegt werden. Wofür vollwertige Ernährung, als auch das Priorisieren von stabilisierendem Essverhalten vor der Gewichtsabnahme um jeden Preis, nötig sind.

Treten regelmäßige Essattacken auf, dehnen sich die Fettzellen aus und können die zusätzliche Energie ab einer bestimmten Größe (200 Mikrometer) nicht mehr speichern. Infolgedessen laufen sie über oder sterben ab, wodurch freie Fettsäuren den Körper überfluten und das Gewebe schädigen. Durch die Abwehrreaktion des Körpers darauf werden Unmengen des Hormons Insulin ausgeschüttet, auf die er schließlich nicht mehr reagieren kann (Wilcox, 2005). Diese Insulinresistenz lässt den Stoffwechsel entgleisen und bereitet den Weg für Diabetes und andere Stoffwechselerkrankungen. Das ist nur ein Beispiel für ein Organ und einen der die zahlreichen Prozesse, die durch Botenstoffe vermittelt werden. Es soll nicht nur aufzeigen, wie gefährlich Binge Eating für den Körper werden kann, sondern auch dazu motivieren, den folgenden Erläuterungen der wichtigsten Botenstoffe Aufmerksamkeit zu schenken.

Wenn sie richtig funktionieren, dann helfen Hormone und Neurotransmitter dabei, Essattacken zu unterbinden und eine stabilisierende Ernährungsweise aufzubauen. Sie beeinflussen nicht nur, wie viel Fett gespeichert wird, sondern auch Appetit und Sättigung (Stensel, 2010).

Insulin

Insulin sorgt dafür, dass Fettzellen Fett speichern können und bestehende Fettspeicher nicht aufgezehrt werden. Ein ungünstiger Insulinspiegel schlägt sich in Fettleibigkeit wieder und entsteht unter anderem durch den Konsum von kurzkettigen Kohlenhydraten. Diese kommen vor allem in Fastfood, Süßwaren, Gebäck und Weizenprodukten vor.

Der Insulinspiegel lässt sich zu einem großen Teil selbst regulieren, indem...

- Zuckerkonsum minimiert wird.
- Träger kurzkettiger Kohlenhydrate nicht einfach weggelassen, sondern zum Teil durch langkettige Alternativen ergänzt werden. Dazu zählen z.B. Vollkornprodukte, Haferflocken und Wildreis.
- mehr Protein konsumiert wird. Dies steigert den Insulinspiegel kurzfristig, ermöglicht aber langfristig eine bessere Insulinregulation.
- mehr Omega-3-Fette konsumiert werden (diese sind z.B. in Nüssen und fettem Seefisch enthalten).
- regelmäßig Sport betrieben wird.
- genügend Magnesium konsumiert wird (der Mineralstoff findet sich vor allem in Nüssen, Kernen, Hülsenfrüchten und Vollkorn-Getreide).
- regelmäßig grüner Tee getrunken wird.

Leptin

Leptin ist das Sättigungshormon. Wird es ausgeschüttet, reduziert sich der Appetit und der Hypothalamus wird informiert. Der Hypothalamus steuert die Essensaufnahme und sorgt unter anderem dafür, dass nicht mehr weitergegessen wird, wenn bereits genügend Energie in den Fettzellen gespeichert wurde. Da ein übergewichtiger Körper bis zu viermal so viel Leptin produziert, wie ein normalgewichtiger, sendet er falsche Signale aus, sodass der Hypothalamus vermutet, dass nicht genügend Körperfett vorhanden ist und mehr Nahrung aufgenommen werden muss um dem Verhungern vorzubeugen. Oftmals liegt auch eine Entzündung in Teilen des Hypothalamus vor. Um dem entgegenzuwirken, sollten genügend Omega-3-Fette konsumiert oder supplementiert werden, weil diese entzündungshemmend wirken. Allgemein verhelfen regelmäßiger Sport und guter Schlaf zu einem gesunden Leptinspiegel.

Ghrelin

Ghrelin ist das Hungerhormon. Sobald der Magen leer ist, wird es ausgeschüttet und sendet Signale an den Hypothalamus. Vor dem Essen ist am meisten Ghrelin vorhanden, eine Stunde nach dem Essen am wenigsten. Bei vielen, die von Binge Eating betroffen sind, dauert es etwas länger, bis der Ghrelinspiegel zurückgeht, weshalb das Sättigungssignal verzögert erfasst und infolgedessen weitergegessen wird. Eine Reduktion des Zuckerkonsums und die erhöhte Aufnahme von Protein helfen dabei, den Ghrelinspiegel zu senken.

Cortisol

Durch strenge Diäten und andere Stressfaktoren, die von Essstörungen ausgehen, erhöht sich der *Cortisolspiegel*. Cortisol ist ein Stresshormon, dessen vermehrte Ausschüttung viele negative Folgen für den gesamten Körper hat und zudem destruktiven Coping-Strategien wie Überessen begünstigt (siehe Kapitel 13). Bei Studien mit Piloten zeigte sich, dass schon zwei Stunden weniger Schlaf nach einer Woche den Cortisolspiegel um 50-80

% erhöhen (z.B. Bostock & Steptoe, 2013). Stabilisierendes Essverhalten und ausreichend Schlaf reduzieren hingegen die Produktion. Selbiges gilt für Entspannungstechniken wie Meditation.

Cholecystokinin und Peptid-YY

Cholecystokinin und *Peptid YY* sind Hormone, die sich im Darm antreffen lassen und durch ihre Ausschüttung die Nahrungsaufnahme reduzieren. Die Reduktion kurzkettiger Kohlenhydrate, sowie die Aufnahme von genügend Protein, Omega-3-Fetten und Ballaststoffen verbessert den Cholecystokinin- und den Peptid-YY- Spiegel.

Neuropeptid-Y

Das *Neuropeptid-Y* stimuliert den Appetit (insbesondere auf Kohlenhydrate) und wird vor allem in Phasen des Nahrungsentzugs (z.B. bei einer strengen Diät) ausgeschüttet. Proteinmangel führt ebenfalls zu einer vermehrten Ausschüttung des Neuropeptids-Y. Wenn genügend Protein sowie Ballaststoffe aufgenommen werden und stabilisierendes Essverhalten praktiziert wird, stabilisiert sich der Neuropeptid-Y-Haushalt.

Es zeigt sich also, dass hinter dem vermeintlich krankhaften, unstillbaren Verlangen der Essattacken andere Gründe stecken als Disziplinlosigkeit und eine schwache Persönlichkeit. Vielmehr sind es interne physische Prozesse, die sich nicht anders bemerkbar machen können und Fürsorge und Pflege bedürfen, damit sie anschließend still und heimlich im Hintergrund bei der Überwindung von Binge Eating helfen können.

12

Denken und Sprache

Kognition (Fachsprache für „Denken") kann als Verhaltenssteuerung durch die Umgestaltung aufgenommener Information verstanden werden. Über die Sinne werden kontinuierlich Informationen empfangen aus denen das Gehirn Selbst- und Weltbild formt. Zwar dreht sich dieser Prozess um reale Phänomene, jedoch ist ein großer Anteil der Wahrnehmung subjektiv eingefärbt. Wenn ein Mensch psychisch erkrankt, richtet sich diese Subjektivität gegen ihn und erschafft ein negativ verzerrtes Selbstbild. Dieses kann mithilfe der kognitiven (Verhaltens-) Therapie entzerrt werden (z.B. Sheldon, 2011).

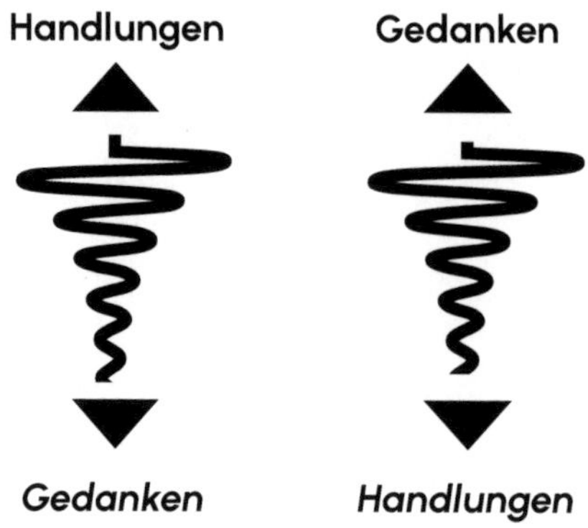

Wie der Name schon suggeriert, ist Kognition ein tragendes Element der kognitiven Verhaltenstherapie. Gedanken prägen Handlungen und vice versa. Dadurch entstehen Kreisläufe respektive Abwärtsspiralen. Jedoch sind ebenso Aufwärtsspiralen möglich, die mithilfe desselben Mechanismus wirken. Aus diesem Grund können bereits kleine Veränderungen große Wirkung entfalten, wenn sie einen Richtungswechsel initiieren. Um das Bestmögliche hierfür zu tun, sollten sowohl Handlungen als auch Gedanken angepasst werden, denn beide erhöhen nicht nur für sich genommen die Lebensqualität, sondern treten in Wechselwirkung.

Die Erforschung der Gedanken gleicht einem weiten Feld und galt noch vor wenigen Jahrzehnten vielen Forschern als „Black Box" – als undurchsichtiger Kasten, über dessen Inhalt sich nichts sicher sagen lässt (z.B. Graham, 2000). Der Mensch wurde als Maschine betrachtet, die auf einen bestimmten Input: Reiz mit einem bestimmten Output: Verhalten reagiert. Alles dazwischen galt den Behavioristen (behavior = Verhalten) als Dorn im Auge, da die Psychologie zu jener Zeit stark unter dem (berechtigten) Vorwurf zu leiden hatte, nicht zu genüge empirisch fundiert – also unmittelbar erfahrbar – zu sein. Die sogenannte

Armchair Psychology – das im Sessel sitzen und philosophieren wie der Mensch wohl sein könnte – war noch weit verbreitet. So einigten sich die Behavioristen darauf, sich zu ihrem Nichtwissen zu bekennen und sich einzig mit beobachtbaren Tatsachen auseinanderzusetzen. Die extreme Form davon war das Bild der Black-Box. Diese Metapher verhalf den Behavioristen dazu, die Grundlagen der Verhaltenstherapie zu entwickeln.

Black-Box-Modell

Mithilfe der Kognitionspsychologie lässt sich mittlerweile die Black Box „Denken" einen Spalt breit öffnen. Werfen wir einen Blick hinein und holen Erkenntnisse hervor, die dabei helfen Binge Eating durch reine Gedankenkraft zu überwinden.

Gedanken verstehen

Gedanken sind Informationen, die mittels elektrischer Signale in einem Netzwerk von *Neuronen* (Nervenzellen) – dem Gehirn – entstehen (z.B. Lehman, 1990). Die Verbindungen des Netzwerks werden mithilfe chemischer Stoffe – den *Neurotransmittern* – zusätzlich reguliert. Neurotransmitter sind Botenstoffe, die, ihrem Namen entsprechend, für die Kommunikation verantwortlich sind und die Übertragung verbessern oder hemmen können. Wie stark zwei Gedanken miteinander verbunden sind, hängt von der Übertragungsrate der Neurotransmitter ab. Diese hängt wiederum von der Umwelt und eigenen Handlungen ab. So werden beispielsweise einhergehend mit Stress vermehrt die Botenstoffe: Serotonin, GABA, Glutamat, Dopamin, Adrenalin und Noradrenalin ausgeschüttet.

Vereinfacht kann man sich das Gehirn als Computer (Hardware) vorstellen und die Gedanken als dazugehörige Programme (Software). Die elektrischen Signale lassen sich aufzeichnen und auswerten. Auch wenn es noch nicht möglich ist den Inhalt einzelner Gedanken zu erfassen, können unterschiedliche Zustände des Gehirns mithilfe der Elektroenzephalographie (EEG) anhand von Hirnströmen gemessen werden. Dazu werden die elektrischen Signale, die in den Neuronen entstehen mit Elektroden aufgezeichnet und grafisch dargestellt. Durch die Magnetresonanztomographie (MRT) kann zudem ermittelt werden, welcher Teil des Gehirns bei welchem Gedanken und welcher Tätigkeit aktiv wird. Mithilfe dieser und weiterer Techniken ist inzwischen genügend über die Funktionsweise des Gehirns bekannt, um alleine durch Sprachübungen aktiv in dessen Funktionsweise eingreifen zu können oder zu verstehen, wie genau Reiz und Reaktion in der vermeintlichen Blackbox zusammenkommen.

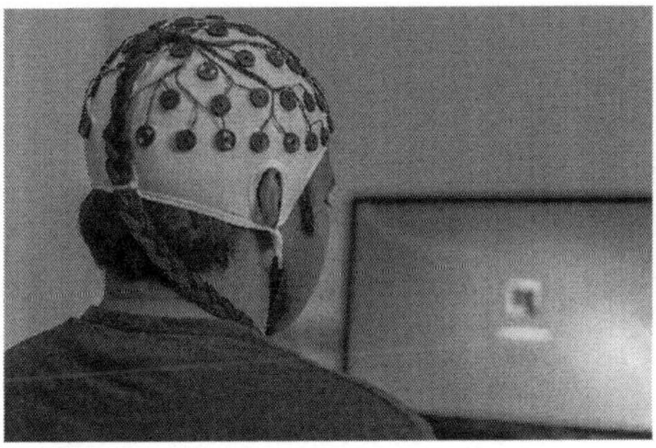

EEG im Einsatz

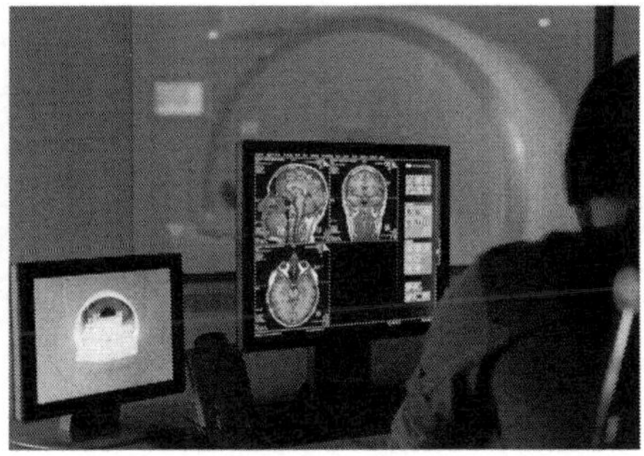

MRT im Einsatz

Ein Grund dafür ist die Assoziation (Verbindung) von zwei Gedankeninhalten, die nicht nur im luftleeren Raum schwebt, sondern auch materiell vorhanden ist, und sich in Form messbarer elektrischer Signale ausbreitet. Diese Signale formen Assoziationsnetzwerke, indem sie die Verbindungen zwischen ausgewählten Zellen stärken, sodass, wenn ein Gedanke aktiviert wird, automatisch dutzende weitere Gedanken folgen (z.B. Groessl et al., 2018). Das kann man sich wie die automatische Satzvervollständigung bei der Benutzung einer Online-Suchmaschine vorstellen.

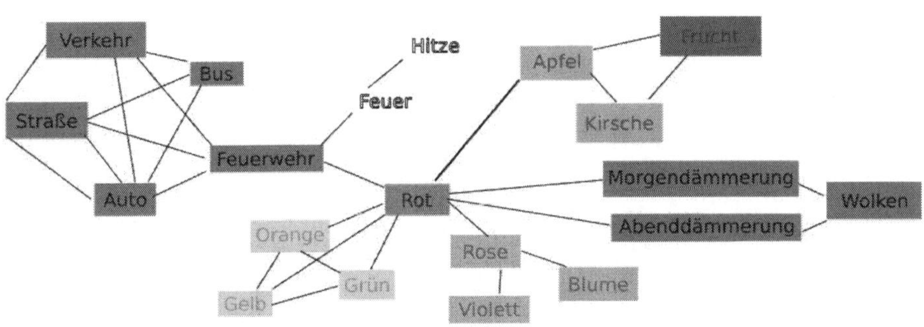

Assoziative Verknüpfung im Gedankennetzwerk

Zentrale Erkenntnisse der kognitiven (Verhaltens-) Therapie (nach Beck)

Die folgenden Erkenntnisse stammen aus der kognitiven Therapie und werden auch in der kognitiven Verhaltenstherapie verwendet (Beck et al., 2005):

- Gedankenverknüpfungen sind erlernt und lassen sich genauso wieder verlernen. Das bedeutet, wenn im Moment jeder Anblick von Essen zu Stress und Selbsthass führt, dann lässt sich dies durch den Einsatz gegenteiliger Erfahrungen und Gedanken verändern, sodass Essen plötzlich Freude oder positive Erinnerungen wachruft.
- Gedanken lassen sich lenken, indem ihnen weniger Beachtung geschenkt wird. Sobald gesonderte Aufmerksamkeit auf einen Gedanken gerichtet wird, verstärkt sich dessen Aktivierung und auch die der Gedanken, die mit ihm verbunden sind. Wer also endlich das „Problem" mit dem eigenen Körper lösen möchte, oder aber überlegt wie er ihm aus dem Weg gehen kann, wird schnell von negativen Bildern verfolgt. Umgekehrt gilt aber auch: wer sich in einer solchen Situation bewusst an schöne Erlebnisse mit einer geliebten Person erinnert, ruft so eine andere Denkweise auf den Plan, die dann anstelle der negativen tritt. Denn wenn Gedanken nicht beachtet werden, verschwinden sie ganz von selbst und machen Platz für andere Gedanken.
- Durch die Arbeit am eigenen Gedankennetzwerk lässt sich das Auftreten ausgewählter Gedanken verringern,

sodass das Denken automatisch in eine konstruktivere Richtung geht. Konkret sorgt beispielsweise die ausgedehnte Beschäftigung mit einer Mannschaftssportart dafür, dass viele Verbindungen in diesem Kontext gebildet werden – darunter auch solche zum Körper. Je mehr Verbindungen abseits der bekannten negativen Pfade ausgebildet werden, desto wahrscheinlicher wird es, dass Gedanken eher in die neue Richtung fließen.

- Nicht nur die Menge und Vielfalt der Gedanken lenkt das Denken, sondern auch die Stärke der Verknüpfungen. In Bildern gesprochen: durch häufige Benutzung eines Weges verbreitet sich dieser, und wird zur Straße ausgebaut, die dann zur Schnellstraße wird und einen großen Teil des Informationsverkehrs transportiert. Werden nun Gedanken anderweitig verknüpft, müssen diese Entwicklungsphasen ebenfalls durchlaufen werden und dabei als Trampelpfade gegen Autobahnen antreten. Deshalb ist es nötig, Willenskraft aufzubringen und bewusst Gedanken zu folgen, die zunächst ungewohnt oder gar falsch erscheinen. Verhalten und Gewohnheitsbildung helfen jedoch dabei, diesen Prozess zu erleichtern. Zudem lassen sich noch immer andere, gut ausgebaute, Gedankenbahnen ausfindig machen, von denen aus die Gedanken umgeleitet werden können und so den Ausbau der neuen Straße beschleunigen.

Wir gehen im Folgenden auf die wichtigsten Gedankenmuster des Binge Eatings ein und zeigen die wichtigsten Lösungsstrategien auf. Neben den hier genannten findet sich in diesem Buch auch eine Erläuterung und Anleitung zur Assoziationsspaltung. Diese Therapieform wurde insbesondere zur Behandlung von Zwängen entwickelt und findet daher in Kapitel 2 Platz. Da sie aber mit sehr grundlegenden Elementen der Kognition arbeitet, ist davon auszugehen, dass mit ihr auch losgelöst von der Zwangsthematik Erfolge erzielen werden.

Beispielhafte Denkmuster des Binge Eating

Verbotene Frucht

Bestimmte Lebensmittel als Tabu zu betrachten, ist eine der Denkweisen, die strikte Diäten zum Risikofaktor für Essanfälle macht (Fairburn, 2013). Oft steckt dahinter die Annahme, ganz bestimmte Lebensmittel würden unausweichlich für Fettleibigkeit sorgen, selbst wenn sie nur ab und zu verzehrt werden. Problematisch wird diese Denkweise, wenn es sich dabei um Lieblingsgerichte handelt. Denn der Versuch das Verlangen und die Gedanken zu unterdrücken löst unangenehme Gefühle aus und verstärkt eben jene Gedanken. Der sogenannte *Rückschlag-Effekt* sorgt dafür, dass sich die Gedanken anschließend noch schwieriger kontrollieren lassen. So muss immer mehr Energie in eine immer aussichtslosere Sache gesteckt werden, wodurch sich Betroffene machtlos und unfähig fühlen. Oft sind es dann eben jene verbotenen Früchte, die während der Essattacken gegessen werden.

Die Gegenmaßnahme hierzu ist der normale Umgang mit einst verbotenen Lebensmitteln. Das bedeutet nicht, dass diese täglich verspeist werden müssen. Es genügt bereits vollständig, sie hin und wieder zu sich zu nehmen und Stück für Stück wieder in die eigene Ernährung zu integrieren. Wie das in der Praxis funktioniert wird in Kapitel 16 geschildert.

Escape Theory

Von Binge Eating Betroffene sind oft sehr selbstkritisch, sodass sich bei der Selbstbetrachtung regelmäßig negative Emotionen einstellen. Um diesen zu entkommen, wird eine Ablenkung benötigt – ein Ereignis, das stark genug ist, die gedanklichen Probleme in den Hintergrund zu drängen. In der *Escape Theory* spricht man von einem „niedrigerem Zustand der Selbstaufmerksamkeit". Essattacken sind ein eben solcher und so führen negative Gedanken über das eigene Selbst häufig zu Binge Eating (Blackburn et al., 2006).

Internalisierter Opferstatus

Viele Betroffene von Binge Eating nehmen sich in erster Linie als passives Opfer ihrer Umstände wahr. Sie zweifeln daran, ihre Situation durch ihr eigenes Verhalten verändern zu können. Stattdessen konzentrieren sie sich auf unveränderliche Faktoren wie ihre genetische Veranlagung. Der selbst auferlegte Opferstatus bringt mehr Gründe dafür, sich mit negativen Gefühlen zu identifizieren und dem eigenen Selbsthass dadurch Ausdruck zu verleihen, sich selbst aufzugeben. Wer sich hingegen auf das konzentriert, was er selbst kontrollieren kann und sein eigenes Verhalten anpasst, hat die besten Chancen seine Essstörung hinter sich zu lassen. Das Selbstverständnis ist ein so entscheidender Faktor für die Überwindung von Binge Eating, dass ihm mit Kapitel 14 ein eigener Abschnitt gewidmet wurde.

Metakognitive Therapie (nach Wells)

Neben der kognitiven Therapie gibt es auch den Ansatz der *metakognitiven Therapie* (Wells, 2008). Während sich die kognitive Therapie ihrem Namen entsprechend mit den konkreten Denkinhalten (Kognitionen) auseinandersetzt, befasst sich die metakognitive Therapie mit dem, was hinter diesen Prozessen steht. *Metakognitionen* sind die Strategien, die verwendet werden, um unsere Aufmerksamkeit zu lenken und in Gedanken durch die Welt zu navigieren. Die kognitive Therapie kümmert sich um den Inhalt einzelner Gedanken (das *„Was"*), die metakognitive um den Denkstil (das *„Wie"*).

So ist z.B. *„Ich bin fett und hässlich.Wenn ich nicht sofort abnehme, liebt mich niemand mehr."* eine Kognition, die durch kognitive Therapie gelöst werden kann.

Die Angewohnheit eine kleine Beobachtung (leichtes Übergewicht) zur Bewertung der eigenen Identität heranzuziehen und diese zu nutzen um sich selbst abzuwerten, ist eine Metakognition, die durch metakognitive Therapie gelöst werden kann.

Das metakognitive Modell geht davon aus, dass die Art, wie Betroffene Informationen verarbeiten und ihr Denken regulieren, eine Ursache für psychische Probleme ist. Jeder geht anders mit seinen Gedanken um. Diese verschiedenen Umgangsformen werden im metakognitiven Modell als Strategien verstanden, die einen bestimmten Zweck verfolgen. Wer von Binge Eating betroffen ist, denkt sich also nicht grundlos oder aus Unfähigkeit in sein Leid hinein, sondern zieht in irgendeiner Form Nutzen aus seiner Denkweise. Diesen Nutzen gilt es zu erkennen und anderweitig zu adressieren.

So kann derselbe Prozess negativ („*Mein Körper sorgt dafür, dass ich gehasst werde und ich kann es nicht* ändern.") oder positiv („*Ich möchte selbst sicherstellen, dass mein Körper und meine Beziehung zu Ernährung gesund sind.*") verwendet werden.

Ein großer Verdienst der metakognitiven Therapie ist, dass sie klare Aussagen darüber trifft, welche Denkstrategien hilfreich und welche destruktiv sind. Alles Strategien die in Passivität und Vermeidung enden, nehmen der betroffenen Person die Kontrolle über sich selbst und erniedrigen ihr Selbstverständnis. Für die Verbesserung der Lage ist es notwendig, dass die Betroffene durch selbstbestimmtes Denken ihr eigenes Leben durch neue Denkweisen zum Positiven verändert.

Dabei spielt eine Behandlung des *Kognitiven Aufmerksamkeitssyndroms* die größte Rolle. Dabei handelt es sich um die destruktiven Denkstrategien: Grübeln, Sorgen, Aufmerksamkeitsfixierung und negative Bewältigung. Eine Folge hiervon ist Schwarz-Weiß-Denken. Dadurch, dass der Fokus vor allem auf Negatives gerichtet wird, nimmt dieses einen größeren Raum ein. Infolgedessen sind für den Ausgleich extrem positive Erlebnisse nötig. Das führt zu einer verzerrten Wahrnehmung: die vielen Facetten zwischen den zwei Extremen fallen nicht mehr auf. Entsprechend werden auch eigene Fortschritte seltener bemerkt und schon der kleinste Rücksetzer kann als alles entscheidender Misserfolg gewertet werden.

Dem Aufmerksamkeitssyndrom kann jedoch einiges entgegengesetzt werden:

Metakognitive Umstrukturierung

Bei der *metakognitiven Umstrukturierung* wird zunächst aufgeklärt, auf welche Überzeugungen der Einsatz dieser dysfunktionalen Strategien zurückzuführen ist. Nehmen wir als Beispiel: *„Wenn ich lange genug über mein Aussehen nachdenke, finde ich einen Weg dieses so zu ändern, dass ich mich nicht mehr vor mir selbst ekel."* Nun gilt es zu überprüfen, inwiefern diese Überzeugung hilfreich ist und welche alternative Überzeugung als bessere Grundlage für eine neue Strategie dienen könnte. Hier käme unter anderem das Folgende infrage: *„Ich grübel gerade, aber genau das gibt mir Gelegenheit neue Gewohnheiten auszuprobieren, die Essattacken unwahrscheinlicher machen. So kann ich jedes Grübeln das ich bemerke als Signal dafür sehen, dass es in die richtige Richtung geht."* In der Praxis gleicht dieses Vorgehen dem der kognitiven Umstrukturierung, daher kann denselben Schritten gefolgt werden, die in Kapitel 8 geschildert werden. Nur, dass anstatt einzelner Gedankeninhalte, Überzeugungen über Strategien wie Grübeln eingesetzt werden.

Aufmerksamkeitstraining

Aufmerksamkeitstraining dient dazu, dem Anwender bewusst zu machen, dass er die Macht über seine Aufmerksamkeit hat und sie aktiv nach seinem Willen lenken kann (Novakovic-Agopian et al., 2011). Bei regelmäßiger Anwendung ermöglicht es, die Aufmerksamkeit auch in negativen Situationen flexibel auf alle möglichen Dinge zu richten. Dies dient nicht der Ablenkung, sondern dazu, die Wahrnehmung zu verbreitern und sie dadurch zu normalisieren. So tritt der negative Zustand weniger deutlich hervor und Schwarz-Weiß-Denken wird zurückgedrängt.

Die Anwendung sollte zweimal täglich erfolgen und läuft folgendermaßen ab:

Es wird sich ein Ort gesucht, in dem unterschiedliche Geräusche zu hören sind.

1. Selektive Aufmerksamkeit: Für insgesamt fünf Minuten wird sich jeweils eine Minute auf genau eines der verschiedenen Geräusche genau konzentriert.
2. Schnelle Aufmerksamkeitswechsel: Für insgesamt fünf Minuten wird sich alle fünf Sekunden auf ein anderes der Geräusche konzentriert.
3. Geteilte Aufmerksamkeit: Für insgesamt zwei Minuten wird sich auf zwei der Geräusche gleichzeitig konzentriert.

Zunächst wirkt diese Übung wie eine Meditation, doch tatsächlich darf und sollte die Durchführung anstrengend sein. Mit der Zeit wird der Prozess einfacher und wirkt sich auch auf die Aufmerksamkeitssteuerung während Momenten der Beklommenheit aus. Bereits zehn Wochen der täglichen Ausübung machen einen Unterschied, der auch dann noch anhält, wenn anschließend kein Aufmerksamkeitstraining mehr stattfindet.

Im Internet lassen sich unter Suchbegriffen wie „Attention Training Technique" oder „Attention Training Therapy" zahlreiche (kostenlose) Videos und Audiodateien, finden, die dabei helfen die Übungen durchzuführen.

Losgelöste Achtsamkeit

Die losgelöste Achtsamkeit ist ein Zustand, in dem die metakognitiven Prozesse wahrgenommen werden können, ohne, dass sie den Erlebenden komplett einnehmen (Wells, 2005). Der Erlebende kann nun freier entscheiden, ob und wie er auf sie reagiert. *„Ich bin schrecklich gefräßig und kann einfach nichts dagegen tun."* wird zu: *„Ich denke, dass ich schrecklich gefräßig bin und ich denke ich könnte nichts dagegen tun."* Auch wenn beide Gedanken fast identisch anmuten, sind sie grundverschieden. Die erste Betrachtungsweise suggeriert, es würde sich um eine objektive Tatsache handeln und wird deshalb als *„Objektmodus"* bezeichnet. Von diesem gilt es in den *„Beobachtermodus"* zu wechseln. Hier ist den Gedanken klar, was sie sind und dass sie erst noch an der Realität geprüft werden müssen, bevor sie als Fakten angenommen werden. Diese Distanz hilft dabei neue Wege zu gehen und aus Elendsspiralen auszusteigen.

3 Schritte führen zur losgelösten Achtsamkeit:

1. Grübeln, Sorgen, Aufmerksamkeitsfixierung und negative Bewältigung als solche bemerken.
2. Innehalten und die quälenden Gedanken mit einem Satz klar benennen.
3. Vor den einen Satz *„Ich denke..."* oder eine vergleichbare Beschreibung des Prozesses stellen (*„Ich grübele grade darüber..."*, *„Ich sorge mich um..."*, etc.).

Die drei Techniken der metakognitiven Therapie lassen sich am besten im Verbund anwenden und unterstützen sich gegenseitig. Wer bereits seit einigen Wochen Aufmerksamkeitstraining betreibt, dem wird es z.B. deutlich leichter fallen in die losgelöste Achtsamkeit zu kommen.

Sprache als Zugang zum Selbst

Sprache bettet das Denken in Worte und erzeugt dabei sowohl Dialoge mit anderen Menschen als auch Monologe mit dem eigenen Selbst. Das verschafft uns die Möglichkeit durch Änderung unseres Sprachgebrauchs eine positivere Beziehung zu uns selbst aufzubauen. Wer unter emotionalen Problemen leidet, redet mit sich selbst oft in einem harschen und erbarmungslosen Unterton. Das Selbst, mit dem Unzufriedenheit verbunden wird, wird als Feind wahrgenommen und auch so behandelt, obwohl es keine guten Gründe dafür gibt.

Um sich selbst mit mehr Verständnis und Wertschätzung gegenüberzutreten, darf die negative Prägung der Worte zunächst identifiziert und dann umgekehrt werden. Der strenge Satz: *„Ich werde nie wieder Binge-Eaten."* darf umgewandelt werden, ohne dass sich dessen Inhalt ändert. Z.B. zu: *„Ich werde kontinuierlich daran arbeiten, dass mein Verhältnis zum Essen gesund bleibt."*. Auf diese Weise wird Druck abgebaut und die Veränderung als die positive Dynamik behandelt, die sie ist. Statt dem Gefühl innerer Zerrissenheit durch den Kampf mit sich selbst, wird Raum für Verständnis geöffnet und stabilisiert die Stimmung. Zudem wird das Selbstbewusstsein gestärkt, denn als Fazit der inneren Monologe ergibt sich häufig, dass das Selbst mehr ist, als die Summe seiner Fehler. Auch wird es einfacher, die eigenen Fortschritte anzuerkennen und mit Hoffnung auf die Zukunft zu blicken. Die Vorstellung einer selbstbestimmten, positiven Zukunft, auf die eigenständig hingearbeitet wird ist hierfür essentiell und lässt sich durch Sprache wieder und wieder manifestieren.

Jegliches Trotzen einer Essattacke, jede Situation, in der die Emotionen ohne Nahrungsaufnahme reguliert werden, jeder einzelne Einkauf im Supermarkt, bei dem auf Binge-Food verzichtet wurde, bildet die Grundlage, mehr an sich zu glauben. Und jede positive Erfahrung, die daraus resultiert, stärkt die Selbstbestimmtheit und damit verknüpft auch das Selbstbewusstsein. Es sollte sich nicht zu kritisch mit den eigenen Fehlschlägen auseinandergesetzt werden. Stattdessen darf der Fokus stets auf den Fortschritten liegen. Andernfalls schwindet das erarbeitete Selbstbewusstsein und statt Zufriedenheit stellt sich der Beginn einer erneuten Negativ-Spirale ein, die zu einem Rückfall führen kann.

Besinnungsübungen zur Stabilisierung

Regelmäßige Besinnungsübungen helfen dabei, die positiven Anteile des Selbstbildes zu stabilisieren. An zuvor festgelegten Tagen, werden zu den Stunden, in denen besonders häufig Essattacken stattgefunden haben, Termine mit sich selbst ausgemacht. An diesen Terminen, werden die letzten Tage Revue passiert und sich auf das inneres Empfinden und die Emotionen, die an konkrete Erlebnisse geknüpft sind konzentriert. Dies kann auch in Kombination mit einem Spaziergang geschehen. Im Anschluss werden die negativen Gefühle und Gedanken zuerst anerkannt und dann verabschiedet. Die positiven Gefühle und Gedanken dürfen bleiben und werden notiert.

Konkrete Beispiele einer ehemals Betroffenen:

- *„Mir ist es gelungen, mehrmals in Folge nach Hause zu kommen, ohne an Essen zu denken! Stattdessen habe ich mit meiner Mutter telefoniert."*
- *„Ich kann besonders stolz auf mich sein, da ich beim Einkaufen nicht dem Sonderangebot meiner Lieblings-Schokoladenfirma nachgegangen bin und nur eine normale Menge an Produkten gekauft habe."*
- *„Ich habe diese Woche ohne Schwierigkeiten meine geplanten Mahlzeiten und Snacks eingenommen, obwohl ich eine stressige Zeit auf der Arbeit hatte!"*
- *„Obwohl ich traurig war, konnte ich dem Craving vor zwei Tagen widerstehen, indem ich mich mit meiner besten Freundin getroffen habe, um Tee zu trinken."*
- *„Mir ist es besonders gut gelungen mein selbsterstelltes Pensum an zusätzlicher Bewegung einzuhalten, da mir die neuen Übungen, die ich im Internet gefunden habe, viel Freude bereiten!"*
- *„Ich habe mich, als ich mich wieder unter Druck gesetzt habe, meiner Mutter anvertraut, die mit mir gemeinsam die Situation analysiert hat und nicht von mir enttäuscht war."*

Diese Rhetorik sollte allgemein im Leben verankert sein, da sonst zu wenig Selbstbestätigung stattfindet. Je weniger Selbstbestätigung stattfindet, desto mehr Wert wird auf die (vermeintliche) Meinung anderer gelegt und sich um das Außenbild gesorgt. Wer stattdessen den Fokus nach Innen auf die selbstständig erreichten Fortschritte lenkt, kann Frieden mit sich selbst und zu einem stabileren Selbstbewusstsein finden.

Dieses erarbeitete Selbstbewusstsein hat nicht nur zur Folge, dass der Heilungsprozess schneller angetrieben wird, sondern wirkt auch präventiv gegen Unsicherheiten und erhöht die soziale Attraktivität. Dabei sollte es nicht Ziel sein, sich dem eigenen Umfeld gefügig zu machen. Ein gesunder Mensch ist nicht angewiesen auf den Zuspruch anderer Menschen, da er sich diesen selbst geben kann. Dieses Prinzip wird oft als *Selbstwirksamkeit* bezeichnet und steigert auch allgemein die psychische und körperliche Gesundheit (z.B. O'Leary, 1985).

13

Die Grundlagen des Fühlens und seine Bedeutung für Binge Eating

Affekte, Emotionen und *Stimmungen* sind nicht dasselbe. Sie alle sind unterschiedliche Formen des Gefühls (Hoffmann & Akbar, 2019). Auf biochemischer Ebene geht es hierbei um Informationsaustausch, oder genauer: die Verarbeitung äußerer Reize um den Fühlenden auf diese einzustimmen. Innerhalb des Fühlenden zeigen sie sich als Bewusstseinszustand und beeinflussen die Wahrnehmung.

Emotionen gehen immer mit körperlicher Veränderung einher. Sie prägen dabei die Wahrnehmung abhängig von der Außenwelt und der inneren Bedeutung, die ihr zugemessen wird. Das Ziel einer Emotion ist es immer, das Verhalten auf diese Bedeutung abzustimmen. Und so hat der Begriff „Emotion" seinen Ursprung im lateinischen *„movere"* was so viel bedeutet wie „bewegen" oder im Ganzen *„emovere"* als „herausbewegen". Emotion kommt aus dem Inneren und bewegt den Fühlenden mit ihrer Kraft durch die äußere Welt. Ohne Emotionen wären wir nicht in der Lage dazu irgendetwas zu tun.

Stimmungen hingegen haben keine klaren Grenzen. Sie füllen den Hintergrund des Seins wie ein Musikstück und sind weniger intensiv als Emotionen.

Emotionen und Stress spielen beim Binge Eating eine große Rolle. Insbesondere für Betroffene der Binge Eating Störung, die oftmals nicht durch Diäten zu Essattacken gebracht werden, sondern dadurch, dass sie Essen verwenden um Emotionen zu regulieren. Allgemein dient sehr vielen Menschen die Nahrungsaufnahme dazu, ihr Stimmungsbild zu beeinflussen und innere Spannung zu reduzieren (Fairburn, 2013). „Frustessen" und „Stressessen" sind zusammen mit „Essen gegen Kummer" und „Essen für das Zuckerhoch" auch außerhalb von Essstörungen weit verbreitet und hören auf den Namen *„emotionales Essen"*.

Emotionales Essen funktioniert; jedoch nur kurzfristig. Es dient einzig und allein der Ablenkung von negativen *Affekten* (kurze, intensive Gefühlsregungen). Affekte sind handlungsorientiert und zu einem großen Teil unbewusst (Hoffmann & Akbar, 2019). Entsprechend diffus treten sie auf, was es schwer macht, sie als die Ursache für Handlungen zu identifizieren, die sie eigentlich sind. Umso wichtiger ist es, sie ans Licht zu zerren und als betroffene Person zu identifizieren, welche Emotion hinter dem Affekt steckt. Emotionen sind deutlich greifbarer, zu einem großen Teil bewusst und als konkrete Gedanken präsent. Das macht sie im Sinne der kognitiven Verhaltenstherapie leichter zu bewältigen.

Wie bei der Metakognition, steckt auch hinter den Affekten eine bestimmte Zielsetzung, mit der sich arbeiten lässt. Umso mehr den Zielen anderweitig entsprochen wird, desto weniger Gründe bleiben für emotionales Essen und entsprechend wird es um ein Vielfaches leichter dieses einzustellen. Ein entsprechender Ansatz findet sich in der *Rational-Emotiven Verhaltenstherapie*.

Rational-Emotive Verhaltenstherapie

Die Rational-Emotive Verhaltenstherapie (REVT) arbeitet mit denselben Grundlagen, die bereits an früherer Stelle in diesem Buch besprochen wurden. Es werden destruktive Denkrichtungen und Handlungsmuster hinterfragt und durch hilfreiche ersetzt (Ellis & MacLaren, 2014). Neu ist allerdings der direkte Bezug auf die emotionalen Konsequenzen. *„Rational"* meint in der REVT Denkweisen, die verlässlich zu Verhalten führen, das langfristig positive Emotionen auslöst.

Diesem Ziel stehen irrationale Überzeugungen wie die folgenden im Weg:

1. **Absolute Forderungen:** Aus dem Wunsch eine schöne Figur zu haben wird die Pflicht um jeden Preis eine perfekte Figur haben zu müssen.
2. **Globale, negative Selbstbewertung:** Eine einzige Eigenschaft (z.B. leichtes Übergewicht) macht eine Person vermeintlich zu einem gänzlich abstoßenden Menschen.
3. **Katastrophisieren:** Anstatt Rückfälle als Teil des Heilungsprozesses zu sehen, werden sie zum endgültigen Beweis dafür, dass es einfach nie klappen wird.
4. **Niedrige Frustrationstoleranz:** Wenn eine Essattacke stattfindet, dann kann diese vermeintlich um keinen Preis ertragen oder verziehen werden.

AUSLÖSER	Reiz	
BEWERTUNG	rational	irrational
CONSEQUENZ	funktional	dysfunktional
DISPUT	Hinterfragung	
EFFEKT	Neubewertung	

ABC(DE)-Modell

Das ABC der Rational-Emotiven Verhaltenstherapie Die REVT baut auf dem *ABC-Modell* auf (z.B. Spitzer, 2010). Dieses bringt das diffuse Durcheinander zwischen Denken und Fühlen in eine simple Ordnung und erleichtert so die Behandlung. **A** steht für den Auslöser (einen internen oder externen Reiz – z.B. eine konkrete Situation), der eine **B**ewertung nach sich zieht (rational oder irrational) die emotionale **C/**Konsequenzen (funktionales oder dysfunktionales Fühlen und Verhalten) hat.

Die Therapie ergänzt nun **D**isput (Hinterfragung) und **E**ffekt (positivere Bewertung).

Das ABC(DE)-Modell lässt sich gut am Beispiel von Essattacken nachvollziehen:

Obsessive Selbstbeobachtung ist der Auslöser für die Bewertung *„Ich bin hässlich und nicht liebenswert!"* und führt als Konsequenz zu starken Gefühlen der Trauer und Wut sich selbst gegenüber, die eine Essattacke nach sich ziehen. Auch wenn die Essattacke nicht immer verhindert werden kann, wird es einige Male möglich sein, von Trauer und Wut in den *Disput* zu wechseln und die Bewertung zu hinterfragen:

- *„Wenn ich wirklich hässlich wäre, würde mich dann niemand lieben?"*
- *„Gibt es Menschen, die mich mögen?"*
- *„Ja…"*
- *„Okay, dann bin ich aber immer noch hässlich, oder?"*
- *„Welchen Beweis gibt es dafür, dass ich hässlich bin?"*
- *„Meine feste Überzeugung!"*
- *„Aber ich habe doch eine verzerrte Selbstwahrnehmung, oder?"*
- *„Worauf kann ich mich denn überhaupt verlassen?"*

- *„Schwer zu sagen, aber ich will einfach, dass dieses Gefühl aufhört!"*
- *„Was kann ich dagegen tun?"*
- *„Schnell um den Block rennen und dann eine Freundin anrufen, wenn es noch immer da ist."*
- *„Immerhin tue ich das bestmögliche."*
- *„Ich weiß nicht wirklich, ob ich so hässlich bin, wie ich oft denke. Ich mag mich vielleicht selber grade nicht, aber ich arbeite dran."*

Am Ende steht dann der Effekt: Die nicht zwingend positive, aber zielführende Überzeugung, die eine weitere Essattacke verhindern kann und noch mehrfach bekräftigt werden muss, aber schließlich fester Teil des Selbst wird, bis sie durch eine noch konstruktivere Überzeugung ersetzt wird.

Nicht immer kann der Disput inmitten der Situation stattfinden. Es sollte daher wie bei der kognitiven Umstrukturierung (Kapitel 8) vorgegangen werden und in einer ruhigen Minute schriftlich festgehalten werden, welche Auslöser zu welcher Bewertung und Konsequenz führen.

Dabei helfen Fragen, wie:

- *„Was habe ich vor der Essattacke gespürt?"*
- *„Welche Gedanken haben mich dazu gebracht?"*
- *„Wie lange hat das Ganze angehalten?"*
- *„Welche Art von Lebensmitteln habe ich gegessen?"*

- *„Was hat diese Kette von Ereignissen für Gefühle ausgelöst?"*
- *„Wie sehe ich mich in Konsequenz?"*.

Beim Disput, lassen sich, wie bei der kognitiven Umstrukturierung auch, sokratische Fragetechniken anwenden:

- „Habe ich eindeutige Beweise für meine Überzeugung?"
- „Hilft mir diese Überzeugung dabei mich gut zu behandeln?"
- „Bringt mich diese Überzeugung weiter?"
- „Möchte ich diese Gefühle spüren, oder brauche ich eine andere Überzeugung?"

Die große Gefahr des emotionalen Essens

Emotionales Essen lässt sich nicht alleine durch eine Veränderung des Essverhaltens lösen. Das wahre Problem ist hier das Gefühl, dass sich hinter dem Thema Essen verbirgt und sich mit ihm maskiert. Aus diesem Grund kann Essen zur Emotionsregulation nicht langfristig funktionieren. Der Kern des Problems bleibt bestehen und dieses wird mit jedem weiteren Durchgang größer. Deshalb ist es wichtig, positive Emotionen, Affekte und Stimmungen ganz bewusst in jede Form der Zielsetzung mit einzubeziehen.

„Wer schön sein will, muss leiden." mag bei fordernden Sportarten angebracht sein, ist aber mit wenigen Ausnahmen ein extrem destruktiver Kompromiss zwischen dem gedanklichen

Ideal und der gefühlten Realität. Auch zu unterdrücken, dass die eigene Arbeit oder Beziehung mit so viel Stress verbunden ist, dass es sich kaum aushalten lässt, darf keine Option mehr sein. Betroffene, die Ausschau nach derlei Vernachlässigungen ihres eigenen Gefühlslebens halten, werden in der Regel schnell fündig und sollten sich immer für ihr gutes Gefühl entscheiden. Das Verlangen nach Binge Eating wird mit jedem weiteren gelösten Konflikt abnehmen und die Gefühls- und Gedankenwelt stabilisieren.

Keine Angst vor der Trauer - wie Stimmung funktioniert

Glück wird von vielen als das oberste Lebensziel behandelt. Jedoch kann das Streben nach Glück dadurch eine destruktive Gestalt annehmen, da vollkommenes Glück nie erreicht werden kann. Dies liegt in seiner biologischen Basis begründet. Es ist dem Körper nicht auf natürliche Weise möglich ein ständig anhaltendes Glücksgefühl zu produzieren. Gefühle können nur dann Informationen über die Außenwelt abbilden, wenn sie wandelbar sind. Die stetige innerliche Bewegung ist somit unaufhaltbar und so müssen zwangsweise alternative Strategien zum emotionalen Essen gefunden werden, um mit diesen Schwankungen umzugehen.

Emotionsregulation kann erlernt werden, wie jede andere Fähigkeit auch. Zunächst sei aber darauf hingewiesen, dass es nicht immer ratsam ist, die eigene Gefühlswelt aktiv zu steuern oder gar zu unterdrücken und von ihr abzulenken. Gefühle wollen gefühlt werden, ganz besonders dann, wenn sie negativer Natur sind. Sie können als wertvoller Hinweis dafür gesehen werden, dass sich etwas ändern muss.

Das Anliegen des Körpers ist immer die Informationsvermittlung zwischen Umwelt und Innenleben. Es liegt nun am Fühlenden diese Signale so zu deuten, dass sie mehr nutzen als schaden. Betroffene dürfen negative Gefühle zulassen und müssen sie trotzdem nicht als persönliches Versagen werten. Anschließend kann z.B. mithilfe der metakognitiven Therapie die Funktion der Gefühle entschlüsselt und ihr direkt entsprochen werden (Wells, 2008).

Generell sind Fühlen und Denken einander nicht entgegengesetzt, sondern gehen miteinander einher und haben einen gemeinsamen Kern. Das bedeutet, emotionale Probleme lassen sich mit den Mitteln der kognitiven Verhaltenstherapie lösen (z.B. Sheldon, 2011).

Bevor wir uns nun der gesunden Emotionsregulation und dem Thema Stress zuwenden, soll eine Besonderheit des Fühlens näher geschildert werden, die Betroffene von Binge Eating für sich nutzen können: Während bei den Gedanken im weitesten Sinne der beste Gedanke gewinnt, ist es bei den bewegten Stimmungen, die relative Stabilität, die zum Ziel führt. Der Umgang mit emotionalen Schwankungen fällt dann besonders leicht, wenn diese Schwankungen nicht so extrem ausfallen. Entsprechend führt eine Stabilisierung zu weniger emotionalen Problemen und senkt die Wahrscheinlichkeit von Binge Eating (Lee-Winn, 2016).

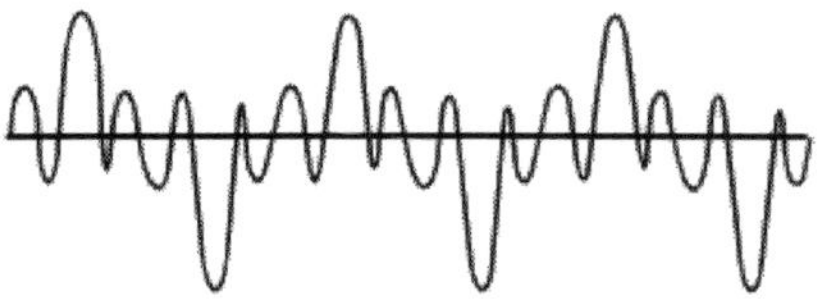

stabile Emotionalität

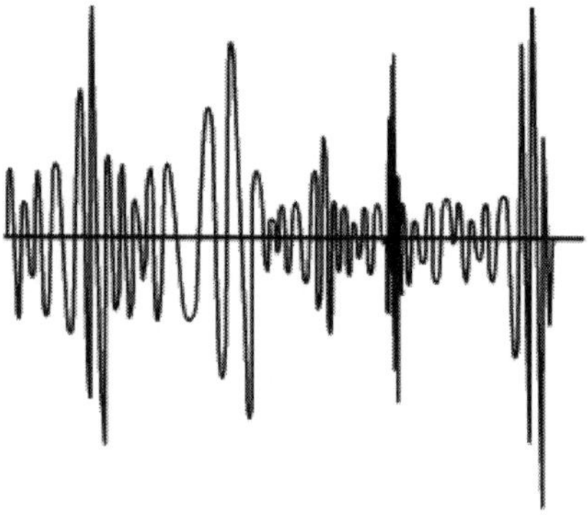

instabile Emotionalität

Neurotizismus

Wie extrem die Schwankungen der Gefühlswelt ausfallen wird in der Psychologie mit dem Konzept des *Neurotizismus* ausgedrückt (z.B. Cattell, 1961). Jeder Mensch landet dabei irgendwo zwischen den beiden Extrem-Polen *„emotional stabil"* und *„emotional labil"*. Das Konzept des Neurotizismus ist nicht komplett unumstritten, aber aussagekräftig genug um mit ihm allerlei Dinge bestimmen zu können. So lässt sich z.B. nur anhand der Ausprägung des Neurotizismus ohne weitere Information relativ verlässlich sagen, wie wahrscheinlich es ist, dass eine Person unter Depression leidet oder regelmäßig soziale oder berufliche Probleme hat (z.B. Yoon, 2013).

Auch zwischen Essstörungen und Neurotizismus besteht ein Zusammenhang. Je neurotischer jemand ist, desto unzufriedener ist er im Schnitt mit seinem eigenen Körper und umso mehr neigt er zu emotionalem Essen (Heaven, 2001). Bei Menschen die von Bulimie oder der Binge Eating Störung betroffen sind, lassen sich erhöhte Werte von Neurotizismus feststellen und bei emotionalen Essern stark erhöhte (Elfhag & Morey, 2008).

Nun stellt sich unweigerlich die Frage: lässt sich die Ausprägung an Neurotizismus ändern? Die Antwort ist ein klares „Ja!". Weder die Persönlichkeit an sich noch ihre Facetten sind von Geburt an festgelegt (der genetische Anteil erklärt Unterschiede zwischen Personen nur etwa zur Hälfte) oder unabänderlich (z.B. Cobb-Clark, 2012). Es besteht zwar eine relative Stabilität über kurze Zeiträume, aber langfristig gesehen verändert sich die Persönlichkeit auch von sich aus moderat.

Nahezu unglaubliche Veränderungen zeigen sich nach der bewussten Behandlung von Neurotizismus durch die kognitive Verhaltenstherapie. In einer Studie der University of Illinois steigerte sich die emotionale Stabilität der Teilnehmer innerhalb von nur drei Monaten durchschnittlich um die Hälfte der Veränderung, die sonst zwischen Erreichung des 18. Lebensjahrs und dem Lebensende stattgefunden hätte (Roberts et al. 2017). Die Veränderungen blieben zudem noch Jahre nach dem Ende der Studie bestehen und sind konsistent mit dem aktuellen Forschungsstand. Dieser legt sogar nahe, dass der Erfolg nicht geschmälert wird, wenn das Therapieprogramm außerhalb des klinischen Kontexts stattfindet.

Ein direkter lösungsorientierter Ansatz wie er im Verlaufe dieses Buches praktiziert wird, hilft also dabei, emotional zu stabilisieren und vermindert so das Risiko von Binge Eating.

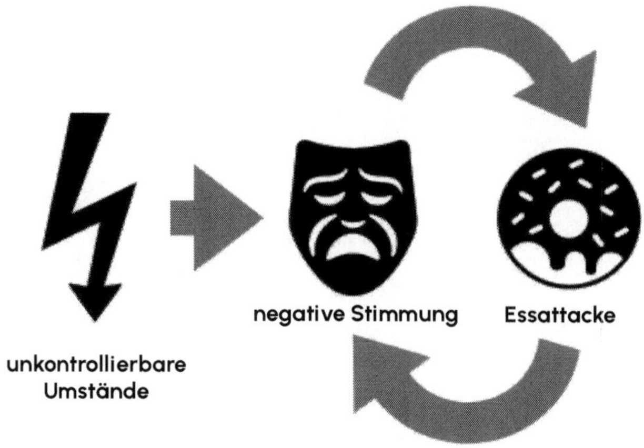

Masking Hypothesis

Nach der *Masking Hypothesis* wird Binge Eating unter anderem als Regulationsstrategie verwendet, um sich nicht einer unangenehmen Situation und dem Zustand stellen zu müssen, den diese auslöst (Polivy & Herman, 1999). Wer beispielsweise einen großen Schuldenberg angehäuft hat, steht unter massivem Druck und fühlt sich häufig gestresst, ängstlich und unzufrieden. Wenn es nun so wirkt, als ließe sich die Situation nicht ändern, muss auf andere Weise mit diesen negativen Gefühlszuständen umgegangen werden. Binge Eating verschafft Ablenkung und löst ebenfalls negative Emotionen aus. Im Anschluss können dann sämtliche negativen Emotionen in Verbindung mit der Essattacke gebracht werden, sodass es so wirkt, als wäre sie der ursprüngliche Auslöser gewesen. Da Essverhalten als kontrollierbarer wahrgenommen wird als die maskierten Probleme, verlagern sich mit der Zeit viele emotionale Konflikte in die Essens- und Figurthematik.

Nun gilt es für Betroffene, die Maske herunterzureißen und die verdrängten Gefühle zuzulassen, um sie so untersuchen zu können und ihre Herkunft zu erfahren. So stellt sich bei vielen Menschen mit Essstörung heraus, dass unter Umständen eine Depression oder eine andere Problematik vorliegt, die gesonderter Behandlung bedarf (Hudson et al., 2007). Das Führen eines Tagebuchs hilft dabei, sich der eigenen Gefühlswelt auf relativ komfortable Weise anzunähern und bietet sich daher grade zu Beginn des Heilungsprozesses an.

Gesunde Emotionsregulation

Emotionsregulation ist dann angemessen, wenn der emotionale Zustand eine Übermacht darstellt, die dem Betroffenen das Gefühl entzieht, selbst Herr der Lage zu sein – wie es etwas beim Craving nach Essen der Fall ist. Besonders wichtig ist hierbei, sich darüber im Klaren zu sein, dass Unterdrückung, Verdrängung und Flucht vor der Situation keine gesunden Regulationsstrategien sind. Gesunde Regulationsstrategien funktionieren langfristig, ohne äußere Mittel und lassen sich flexibel anwenden. Zu ihnen zählen unter anderem Meditation und Achtsamkeit, Tagebuchführung, Atemübungen und Körperwahrnehmungsübungen.

Viele dieser Strategien werden üblicherweise angewendet, während die Emotion sich schon Ausdruck verschafft hat. Als effektiver hat es sich jedoch erwiesen, Emotionen zu regulieren, während sie sich bilden. Hat sich die Emotion noch nicht entfaltet, lässt sie sich leicht kontrollieren und verändern. Das funktioniert über die bewusste Auswahl der Situationen, in die man sich begibt, die Veränderung dieser Situationen, die Lenkung der

Aufmerksamkeit (siehe Kapitel 12) und die Neubewertung der Situation (siehe Kapitel 8). Konkrete Lösungsstrategien, die auf diesen Punkten beruhen, lassen sich am besten im Zusammenhang mit Stress erläutern und folgen daher im Anschluss an den nächsten Absatz.

Stress und Coping

Neben negativen Emotionen ist es auch ein bedrückender Spannungszustand, der viele Betroffene in ihre Essattacken hineindrängt: Stress, der auf andere Weise nicht vollständig abgebaut werden kann. Eigentlich soll Stress dem Körper dazu dienen, sich besser an seine Umwelt und deren ständig wechselnde Anforderungen anzupassen. (z.B. Selye, 1956) Stress ist eine natürliche Reaktion des Körpers, auf Belastung, versetzt diesen in Alarmbereitschaft und energetisiert die nächsten Handlungen. Das Herz klopft, die Atmung wird schneller, der Magen flau, der Körper spannt sich an und die Gefahr von Außen kann gebannt werden. Für den Moment eine nützliche Überlebensstrategie, doch wenn wir im Alltag von Stress sprechen, meinen wir meist andauernden Stress, der das Immunsystem schwächt, Verdauungsprobleme auslöst, und uns erschöpft und ausgebrannt mit Rücken- und Kopfschmerzen zurücklässt (Kasl, 1984). Diese Beschwerden sind eine Folge davon, dass der Körper wichtige Systeme länger unterdrückt als es für ihn gesund ist. Wird der Stress nicht abgebaut, sind Magenschmerzen, Verstopfungen, Blähungen oder Durchfall die Folge. Verspannungen und Nervosität senken die Denkfähigkeit und erhöhen die emotionale

Empfindlichkeit und Reizbarkeit. Auch kann es zu Schlafproblemen und Desinteresse kommen.

Langfristige psychische Folgen können Ängste, Depression und Erschöpfung sein. Diese verringern in Verbund mit der Gereiztheit die soziale Kompetenz und führen vermehrt zu Konflikten oder Isolation.

So verwundert es nicht weiter, dass anhaltender Stress zu einem früheren Ableben führt. In einer repräsentativen Studie der University of Wisonsins-Madison war das Sterberisiko für Teilnehmer, die unter großem Stress litten, um 43 % erhöht (Keller et al., 2012). Allerdings nur (und das ist das eigentlich bemerkenswerte) wenn dieser hohe Stress auch als solcher wahrgenommen und mit negativen Gesundheitsfolgen assoziiert wurde. Das bedeutet, einen großen Teil der negativen Effekte von Stress hat wenig mit dem gemessenen Stress selbst zu tun, und viel damit, wie mit diesem umgegangen wird. Somit ist es enorm wichtig regelmäßigen Stressabbau zu betreiben.

Leider wird dabei unbewusst auf schädliche Strategien zurückgegriffen, wenn sonst keine anderen erlernt wurden. So wird Binge Eating für einige zur erstbesten Lösung für negative Emotionen und Stresszustände und festigt sich. Der unbestimmbare Zustand der Anspannung, der oft zu Essattacken führt, entspricht diesem Stress und tritt seltener auf, wenn anders mit Stress umgegangen wird.

Auch die Bewältigung von Stress geht auf Emotionsregulation zurück. Ausstehende Konflikte verursachen so lange Stress, bis sie aufgelöst werden. Werden hingegen Bewältigungsstrategien für Stress angewendet, funktioniert die Emotionsregulation. Eben jene Situationen, die Emotionsregulation erfordern, lassen sich also auch als *Stressoren* (Stress auslösende Bedingungen/ Reize) beschreiben und auflösen.

Die sieben gefährlichsten Stressoren, durch die Essattacken ausgelöst werden, lauten wie folgt (Fairburn, 2013):

- Auseinandersetzungen
- Kritik bezüglich des eigenen Erscheinungsbildes
- Isolation
- Stimmungsschwankungen
- Einsamkeit
- Langeweile
- Intensive Freude

Der Umgang mit Stressoren wird als *Coping* bezeichnet. Bei Betroffenen von Binge Eating, die in die obigen Zustände geraten, finden Essattacken als dysfunktionale Bewältigungsstrategie statt, um von einem sehr unangenehmen Zustand (z.B. Streit mit der Familie) in einen angenehmen oder zumindest weniger unangenehmen Zustand (z.B. Schuldgefühle) zu wechseln. Auch hier trifft wieder die Masking Hypothesis zu.

Die Spannung, die durch Stress entsteht, ist gut mit anderen belastenden Gefühlszuständen zu vergleichen und kann ebenso durch Mediation, Übungen zur Muskelentspannung, Atemübungen und vergleichbare Praxis abgebaut werden und so Essattacken vorbeugen. Auch hier gilt jedoch: am effektivsten sind Strategien die noch vor der akuten Entfaltung des Stressmoments präventiv angewendet werden. Ist es möglich diese regelmäßig zu nutzen, muss der Körper nicht mehr auf die Notlösung Binge Eating zurückgreifen. Da die folgenden Vorgehensweisen sowohl beim Umgang mit negativen Emotionen, als auch beim Umgang mit Stress helfen und beides zu den häufigsten Gründen für Binge Eating gehört, sind sie hocheffektiv und sollten in jedem Fall durch den Leser angewendet werden.

Gesunder Umgang mit Stress und negativen Emotionen

Anstatt die internen Signale zu unterdrücken oder wegzureden, sollten sie angenommen und bewusst gefühlt werden. Dabei kann es helfen, die entsprechenden Gefühle zu benennen (etwa: „*Ich spüre ein unangenehmes inneres Drängen in mir.*" oder „*Ich bin grade traurig.*"). Unter Umständen drängen sich dabei Gedanken auf, die von den Gefühlen wegführen (etwa: „*Ich werde dazu gedrängt noch mehr zu versagen, als ohnehin schon. Warum passiert mir das immer, warum kann ich nicht einfach mehr Selbstkontrolle haben?*" oder „*Ich bin traurig, weil mich grade bestimmt niemand will, aber ich möchte in Zukunft wieder jemanden kennenlernen. Dafür muss ich aber anders sein und nicht so aussehen wie jetzt.*"). Anstatt sich in derlei Gedanken zu verlieren, ist es wichtig, immer wieder zum Gefühl zurückzukehren.

Gedanken, die in Zusammenhang mit dem negativen Zustand stehen, sollten gefiltert und sortiert werden. Das wichtigste Kriterium hierfür ist Kontrolle. Nur wenn sich der Gedanke auf das Hier und Jetzt bezieht und sich um etwas dreht, dass sich ändern lässt, ist er wichtig. Gedanken, die sich mit der Vergangenheit, der Zukunft oder Dingen beschäftigen, die sich nicht kontrollieren lassen, sind selten konstruktiv. Meist entstehen sie aus einer alten Denkgewohnheit heraus und dienen im Sinne der Masking Hypothesis dazu, von unangenehmen Gefühlen und Stress abzulenken. Sobald diese jedoch zugelassen werden, nimmt der mit ihnen einhergehende Druck ab und sie stellen sich als weniger schmerzhaft heraus als angenommen. Durch diese Herangehensweise wird zudem ein aktives Selbstverständnis gefördert und Selbstbewusstsein aufgebaut.

Entspannung und Stressresistenz lassen sich erlernen und durch regelmäßige Übung erhöhen. Während Atemübungen, *progressive Muskelentspannung* (Muskeln für einige Sekunden anspannen und anschließend wieder entspannen) und Meditation innerhalb eines bestimmten Zeitraums als eigene Tätigkeit aufgenommen werden müssen, kann Achtsamkeit zu jeder Zeit ausgeübt werden und durch den Tag hindurch sämtliches Denken und Tun begleiten.

Achtsamkeit entspricht einem Verweilen im Hier und Jetzt und setzt die bewusste Wahrnehmung äußerer, aber vor allem innerer Prozesse voraus. Wichtig, insbesondere für Betroffene von Essstörungen, ist hierbei das Auslassen von Bewertungen. Alles darf so sein wie es ist und wird mit Neugier erkundet.

Dabei entsteht eine hohe Selbstaufmerksamkeit. Diese kann zunächst aufgrund negativer Selbstbewertungen unangenehm sein. Dann darf jedoch in die bewusste Wahrnehmung von Körperprozessen (wie Herzschlag oder Atmung) und äußere Reize übergegangen werden („*Wie fühlt sich die frische Luft auf der Haut an?" „Welche Geräusche entstehen in der Bahnkabine?"*, ...). Diese Form der Achtsamkeit lässt sich unbegrenzt und zu jedem Moment praktizieren. Selbst, wer nur am Schreibtisch in einem Bürokomplex sitzt, spürt seinen Atem, hört das behäbige Ticken der Uhr, und riecht frisch aufgebrühten Kaffee.

Die oben geschilderten Vorgehensweisen reduzieren Stress und Anspannung, stärken das Immunsystem und verringern das Auftreten von Essattacken (z.B. Grossman et al., 2004).

Neben Achtsamkeit und Entspannungsübungen sind auch generell Pausen und Auszeiten wichtig – Momente in denen sich zurückgelehnt und alles andere ad acta gelegt werden kann. Ein entscheidendes Merkmal von chronischem Stress und emotionaler Belastung ist das Ausbleiben solcher wichtigen Ruhephasen. „Ruhephase" bedeutet dabei aber keinesfalls das währenddessen nichts unternommen werden kann, vielmehr geht es darum Situationen zu gestalten, die als Gegengewicht zu negativem Erleben dienen können. Soziale Aktivitäten und insbesondere spontane Treffen stehen hierbei an erster Stelle.

Allgemein sind soziale Beziehungen ein Schutzfaktor für Stress und negative Emotion. Hierbei ist nicht die Quantität, sondern die Qualität entscheidend, denn es ist das Gefühl des Rückhalts und der Gemeinschaft, das zählt. Dieses lässt sich steigern, indem erlernt wird, sich seinen Liebsten anzuvertrauen und sich aktiv Unterstützung zu suchen. Falls dies (noch) nicht möglich ist, sollten bestehende Beziehungen gepflegt und durch neue Kontakte erweitert werden. Falls auch dies nicht ohne weiteres möglich ist, stehen noch immer Selbsthilfegruppen oder Therapeuten zur Verfügung. Der „Spickzettel für Hilfe" (siehe Buchende) unterstützt bei der Erschließung von derlei Ressourcen.

Akzeptanz- und Commitmenttherapie (ACT)

Ein therapeutischer Ansatz zur Auflösung von Stress, der einen großen Teil der obigen Punkte kombiniert, ist die *Akzeptanz- und Commitmenttherapie* (ACT) (Hayes, 2009). Es handelt sich um eine Weiterentwicklung der kognitiven Verhaltenstherapie, die mit großem Erfolg auch bei der Behandlung von Essstörungen angewendet wird. Durch sechs Prinzipien werden festgefahrene Verhaltens- und Denkweisen aufgelockert und ein flexiblerer Umgang mit Stressoren und unangenehmen Situationen ermöglicht.

Prinzip 1: Verschmelzung entschärfen

Die negativen Gedanken, mit denen Betroffene kämpfen, haben nur dann Konsequenzen, wenn sie ernst genommen und als Tatsache gesehen werden. Man spricht dann von einer Verschmelzung mit den Gedanken. Ströme von Bildern, Worten und Klängen, fließen in einem Gedanken zusammen und geben ihm seine Glaubhaftigkeit und Wirkkraft. Dieser Prozess kann jedoch sabotiert werden, indem mit eben jenen Bildern, Worten und Klängen gespielt wird.

Wenn beispielsweise die Worte *„Ich bin nicht schön."* durch den Kopf schwirren, können sie mit einem komischen Akzent ausgesprochen oder mit einer bestimmten Melodie gesungen werden. Bilder der eigenen (vermeintlichen) Unförmigkeit, die aufkommen, lassen sich maßlos übertreiben und so entschärfen. Jede Form von kreativem Umgang mit Worten, Bildern und Tönen ist hier möglich. Durch die regelmäßige Anwendung verlieren die Gedanken an Ernsthaftigkeit und somit an Schlagkraft, sodass sie auch nicht mehr in schlechte Stimmung versetzen.

Es geht nicht darum die Gedanken abzuwehren, sondern flexibler auf sie zu reagieren. Dadurch werden gut eingespielte Muster aufgebrochen und es entsteht mehr Raum für neue Denkweisen.

Prinzip 2: Vermeidung absetzen

In der ACT wird üblicherweise durch den Therapeuten thematisiert, welche Vermeidungsstrategien der Patient anwendet. Dabei wird anhand von Geschichten und Metaphern vermittelt, wieso diese nicht zielführend sind. Anschließend wird die Wichtigkeit von Toleranz sich selbst gegenüber betont und das vermiedene Verhalten normalisiert.

Wer eigenhändig sein Vermeidungsverhalten ablegen möchte, darf dieses zunächst erkennen und sich dann selbst eine Geschichte ausdenken, in der eine andere Person von diesem tagein tagaus Gebrauch macht.

Die häufigsten Vermeidungsverhalten sind (Fairburn, 2013):

- Reduktions-Diäten
- Soziale Isolation
- Übermäßiger Sport
- Tragen extraweiter Kleidung
- Verdecken von Spiegeln

Weitere Formen der Vermeidung können individuell unterschiedlich ausfallen und sollten in einer Liste gesammelt werden.

Vermeidung tritt meist dann auf den Plan, wenn etwas als verboten oder unangenehm wahrgenommen wird, was für Außenstehende eine ganz normale Situation darstellen würde (z.B. sich umziehen, den Esstisch decken, etc.).

Beispiel zur Entschärfung der Verschmelzung:

Die obigen Vermeidungsverhalten können z.B. in den Plot des Filmklassikers „Täglich grüßt das Murmeltier" eingearbeitet werden. Der Protagonist würde zu Beginn nicht in den Spiegel sehen, über den Großteil des Films keine Nahrung aufnehmen und ihm wäre es jedes Mal aufs Neue unangenehm, zur Arbeit zu fahren und sich als Reporter von einer Kamera ablichten zu lassen.

Bei der Selbstbetrachtung fällt es schwer, gewohnte Muster isoliert für sich zu betrachten und losgelöst zu bewerten. Auf eine fremde oder fiktive Person angewendet, bei der sich sonst kein solches Verhalten beobachten lässt, zeichnet sich sehr deutlich ab, wozu die Vermeidungsstrategien führen.

Prinzip 3: Achtsamkeit praktizieren

In der ACT wird Achtsamkeit vor allem dann angewendet, wenn der Verstand in Vergangenheit oder Zukunft verharrt ist. Dies ist z.B. dann der Fall, wenn sich ausgemalt wird, wie schlank wohl der eigene Körper nach drei Monaten extremer Reduktionsdiät aussehen könnte oder wenn über die Kalorienaufnahme vom Vortrag gegrübelt wird. Wenn es zu einer solchen Situation kommt, kann eine aktuelle Sinnesempfindung (z.B. die Wärme des Duschwassers oder der Atem, der die Nase durchströmt) verwendet werden, um sich in der Gegenwart zu verankern.

Prinzip 4: Destruktive Narrative verlassen

Jeder Mensch prägt sich und sein Erleben durch die Geschichten, die er sich über sich selbst erzählt. Menschen mit Essstörungen identifizieren sich dabei oft mit negativen Geschichten, die andere in der Vergangenheit an sie herangetragen haben. So werden Probleme der Eltern oder Beleidigungen der Mitschüler auch Jahre später noch zum festen Bestandteil des Alltags, weil sie in das eigene Lebensnarrativ eingeflochten wurden. Wer jahrelang erzählt bekommt, dass er wertlos ist, läuft Gefahr dies irgendwann selbst zu glauben und zu vergessen, dass dies ursprünglich nicht sein eigener Gedanke war.

Die Lösung besteht nun darin, derlei Geschichten zu identifizieren und Abstand von ihnen zu gewinnen. Dabei hilft der Wechsel in die mentale Vogelperspektive. Sie wird auch als *beobachtendes Selbst* bezeichnet und schafft Abstand zwischen der Erzählung und dem Erzähler.

Beispiel: Aus *„Ich bin wertlos!"* wird *„Ich bekomme mit, dass in meinem Kopf eine Geschichte erzählt wird, in der es darum geht, dass ich keinen Wert habe und mich niemand will. Ich weiß, dass sich mein Verstand diese Geschichte ausgedacht hat, weil es 1:1 das ist, was einst mein erster Beziehungspartner zu mir gesagt hat, wenn ich nicht das tat, was er wollte. Jetzt weiß ich aber, dass er das nur gesagt hat, um mich zu verunsichern, um mehr Macht über mich zu haben. Diese Geschichte hat eigentlich gar nichts mit mir zu tun und nützt mir auch nichts, ich kann sie also getrost abhaken."*

Die destruktiven Narrative können im Anschluss noch durch gegensätzliche neue Geschichten ergänzt werden, die als stimmig wahrgenommen werden und unterstützen.

Prinzip 5: Identität durch Werte schaffen und stärken

Je komplexer und vielschichtiger Identität und Selbstbild, desto leichter können negative Emotionen und Stress verarbeitet werden. Wenn die Essstörung als Dreh- und Angelpunkt des eigenen Selbstverständnisses dient, dann destabilisiert dies die betroffene Person und macht sie anfälliger für negative Copingstrategien wie Binge Eating. Essstörungen werden durch ihre (vermeintliche) Seltenheit von vielen als einzigartiges Merkmal ihrer selbst wahrgenommen, sodass ihr „Verlust" vermieden wird, in der unterbewussten Befürchtung, damit würde auch ein großer Teil dessen, was den Betroffenen ausmacht, mit verloren gehen.

Die ACT nutzt als Gegenprogramm, dass Betroffene sich ausführlich mit den eigenen Werten auseinandersetzen und so zu einem differenzierten und positiven Selbstverständnis gelangen. Hierbei wird klar zwischen Werten der Gesellschaft (z.B. Perfektion, Disziplin, Attraktivität, ...) und persönlichen Werten (z.B. Freundschaft, Individualismus, Wissensdrang, ...) unterschieden. Oftmals gibt es inhaltliche Überschneidungen zwischen beidem, so kann z.B. Freundschaft auch ein gesellschaftlicher Wert sein, ebenso wie Attraktivität ein persönlicher sein kann. Deshalb soll zu jedem Wert hinterfragt werden, ob dieser aufgrund anderer Menschen, oder aus dem Selbst heraus erstrebenswert scheint. Anschließend lassen sich die eigenen Werte z.B. nach Relevanz ordnen oder mittels einer Mindmap in Verbindung zueinander setzen. Am Ende dieser Auseinandersetzung erkennen Betroffene klarer, wer sie sein wollen und welche Zukunft sie sich wünschen.

Um diesen Prozess zu stimulieren, bieten sich z.B. die folgenden Techniken an:

- Tagebuch
- Ranking-Listen
- Mindmap
- *Ikigai* (japanische Sinnfindungstechnik)

Sobald die eigenen Werte gefunden wurden, wird nach Widersprüchen und Problemfeldern gesucht, die sich zwischen der Essstörungs-Identität und der eigentlichen Identität ergeben. Sich diese bewusst zu machen und ihre langfristigen Konsequenzen vor Augen zu führen unterstützt dabei, zu einem gesünderen Selbstbild zu gelangen.

Beispiel: Der persönliche Wert „Freundschaft" steht im Widerspruch zur sozialen Isolation die sich aufgrund des Störungswertes „Perfektion" gebildet hat.

Prinzip 6: Verantwortung übernehmen

Sind die eigenen Werte definiert, ist es wichtig, diese auch in die Tat umzusetzen. Wobei niedrigschwellig angesetzt werden darf um Perfektionismus und Schwarz-Weiß-Denken vorzubeugen.

Auf den Wert „Freundschaft" angewendet wäre es z.B. ein erster Schritt sich regelmäßiger an Gruppengesprächen zu beteiligen und ein weiterer, einmal die Woche ein kurzes spontanes Treffen auszumachen.

Werden die obigen sechs Prinzipien regelmäßig angewendet und durch weitere Ansätze der kognitiven Verhaltenstherapie ergänzt (siehe zur konkreten Anwendung Kapitel 16), zeigt sich schon im Verlaufe weniger Wochen eine nachhaltige Besserung der Gefühlsbalance und des Stresslevels (Fairburn, 2013). Die Verwendung von Essen zur Emotionsregulation sinkt und die Zufriedenheit mit dem eigenen Körper steigt.

14

Das Selbst und seine Bedeutung für Binge Eating

Mit Binge Eating geht ein verändertes Selbstbild einher, das sowohl Ursache als auch aufrechterhaltende Bedingung für die Problematik ist. Durch Stärkung des Selbst können insbesondere die oft übersehenen psychischen Folgen abgeschwächt werden (Heatherton & Baumeister, 1991). Dies führt nicht nur zu verbesserter Stimmung und weniger unliebsamen Zuständen (die ja Mitauslöser für Essanfälle sind), sondern erhöht auch die Handlungskompetenz. Betroffene können sich im Sinne eines modernen Therapieverständnisses selbst ermächtigen und sind dazu in der Lage ihr Verhalten und Denken schneller und effektiver zu verändern.

Was ist das Selbst?

Herkömmliche Definitionen des Selbst sind philosophischer Natur und bleiben der heutigen Psychologie als empirisch (auf Erfahrung beruhend) arbeitenden Wissenschaft zum größten Teil verborgen. Psychologische Arbeiten beschäftigen sich daher vornehmlich mit dem *Selbstkonzept*. Das Selbstkonzept vereint das aktuelle Selbstbild mit dem persönlichen Ideal, indem es beide in Relation zueinander setzt – sprich, sie vergleicht. Bereits diese erste Definition zeigt auf, warum Arbeit am Selbstkonzept Betroffenen von Essstörungen helfen kann. Vergleiche sind zentraler Bestandteil der dysfunktionalen Gedanken, die das Selbsterleben von Betroffenen so schmerzhaft machen (siehe Kapitel 12).

Das Selbstkonzept wird auch als Selbstkonstruktion bezeichnet, was den aktiven Teil des Individuums unterstreicht. Wer unter einem negativen Selbst leidet, muss nicht Opfer seiner Selbst bleiben, sondern kann unmittelbar auf dieses einwirken. Das Selbst ist nicht von Geburt an vorhanden, sondern wird jeden Tag und jede Sekunde erneut aktiv durch Erfahrungen umgebaut. So entfaltet die kognitive Verhaltenstherapie, die ja auf die Modifikation von Gewohnheiten setzt, ihre Wirkung.

Da es zwei Elemente gibt, die durch ihr Zusammenwirken das Selbst entscheidend prägen (das Selbstbild und das Idealbild), kann bereits das Einwirken auf eine der beiden Komponenten eine Besserung erzielen.

Selbstbild

Was das Selbstbild ist, lässt sich gut anhand seiner Funktion erklären. Es verbindet Denken, Fühlen und Handeln zu einer schlüssigen Geschichte, die als Orientierung für zukünftiges Erleben dienen kann. Ohne das Selbstbild wäre ein individuelles Gefühl von Bedeutung nur schwer möglich. Das Selbstbild prägt durch seine Geschichte die Art wie wir Denken, Fühlen und Handeln, wo wir unseren Platz in der Welt sehen und wie wir wahrnehmen – kurz wie wir als Individuum leben. Selbstliebe und Selbstwert, aber auch Selbsthass und Scham sind direkte Resultate aus diesem Prozess und können durch eine Anpassung des Selbstbilds verändert werden. Um das Selbstbild positiv zu verändern müssen gut etablierte Denk- und Handlungsgewohnheiten durchbrochen werden.

Bei Gewohnheiten entwickelt sich schnell eine Eigendynamik, die dafür sorgt, dass diese aufrecht erhalten werden. Dies dient unter anderem der Stabilisation des Selbstbilds. Auch ein negatives Selbstbild wird aufrechterhalten, wenn es schon lange bestand hat. Der Grund hierfür ist nicht abschließend geklärt. Vieles spricht aber dafür, dass im Laufe der Evolution nicht nach dem Glück des Einzelnen selektiert wurde, sondern vielmehr nach der Überlebenswahrscheinlichkeit seiner spezifischen DNA-Sequenz und verwandter Sequenzen (z.B. Balady, 2002). Entsprechend sorgt unsere genetische Veranlagung dafür, dass wir uns regelmäßig unglücklich machen, solange dies sicherstellt dass wir nach außen hin funktionieren und unsere Funktion für die Gesellschaft erfüllen.

Um zu verstehen, warum Binge Eating so einen massiven Einfluss, auf die Psyche und das Selbstbild hat, hilft es, sich mit der gesellschaftlichen Bedeutung von Essen, Körper, etc. auseinanderzusetzen. Wir werden von der Kultur geprägt, in der wir aufwachsen. Dabei bleibt diese Kultur unserem Inneren nicht fern, sondern wird Teil von uns – man spricht hier von *„Internalisierung"*. Problematisch wird dieser Prozess dann, wenn verstärkt jene Aspekte internalisiert werden, durch die wir uns selbst schaden.

Scham und Selbsthass

Während Scham oft einen Bezug auf Andere hat und die Geheimhaltung der Essattacken fördert, ist Selbsthass tückisch, da man sich selbst nicht entfliehen kann. Der mit dem Themen Essen und Körper in Verbindung stehende Selbsthass färbt dabei auch auf den Rest des Alltags ab, erzeugt negative Stimmung und macht dadurch anfälliger für Essattacken (Nicoli & Junior, 2011). Aus diesem Grund ist es wichtig ganzheitlich vorzugehen und sich nicht nur mit diesen Themen auseinanderzusetzen, sondern andere Formen der Beschäftigung zu finden in denen ein positiver Selbstbezug weiterhin möglich ist.

Auch in die Tiefe zu gehen und zu verstehen, woher Scham und Selbsthass kommen, kann helfen. Aus psychologischer Sicht ist diese Frage nicht eindeutig zu beantworten, doch es liegen einige Indizien vor. So zeigt sich zum Beispiel, dass Menschen, die auf der Symptom-Checkliste „SCL-90-R" („90" steht für die Anzahl der Symptome und „R" für „revidiert") hohe Werte erreichen, mehr Scham und Selbsthass empfinden (z.B. Allan & Gilbert, 1997). Das Interessante hieran ist, dass dies für sämtliche Werte gilt, die durch die SCL-90-R erfasst werden. Dazu zählen: Somatisierung, Zwanghaftigkeit, Zwischenmenschlicher Unsicherheit, Depressivität, Angst, Feindseligkeit, Phobischer Angst, Paranoidität und Psychotizismus. Es scheint, als würde jegliche Form psychischer Belastung mit mehr Scham und Selbsthass einhergehen. Im Umkehrschluss bedeutet dies aber auch, dass sich psychische Entlastung, egal welcher Art, positiv auf das Selbstbewusstsein auswirkt. Wer sich selbst entlastet, sei es durch Entspannungsübungen, soziales Training oder auch der Arbeit an einer Spinnenphobie, verringert dadurch automatisch auch seine Probleme mit Binge Eating.

Psychische Entlastung durch Attributionstherapie

Attribution bezeichnet die Zuschreibung von Eigenschaften und Fähigkeiten und spielt eine tragende Rolle für die Selbstwahrnehmung. Bei vielen psychischen Problemen, so auch bei Essstörungen, attribuieren Betroffene zu ihren eigenen Ungunsten: Erfolge werden als zufällig, instabil und von außerhalb kommend angesehen, während Misserfolge genau umgekehrt als stabil und in der eigenen Person fest verankert wahrgenommen werden (Forsyth, 1989). Verschärft ausgedrückt: Wer negativ attribuiert sieht sich Selbst als Grund für allen Misserfolg und nicht in der Lage dazu daran etwas zu ändern.

Ziel sollte es nun sein, dieses Denkmuster umzukehren und zu dem Schluss zu gelangen, dass viele Probleme von Außen kommen, aber dennoch durch einen Selbst erfolgreich überwunden werden können. Um das zu ermöglichen, ist es wichtig Kontrolle über das eigene Leben zu übernehmen und sich Schritt für Schritt selbstbestimmt in die Richtung emotionaler Stabilität zu bewegen. Dafür ist es nötig eigene Erfolge gebührend anzuerkennen und einen Alltag zu leben, in dem man sich kompetent fühlt. Konkrete Maßnahmen um dies zu bewerkstelligen sind z.B. das Führen eines Erfolgstagebuches und das Praktizieren von Tätigkeiten, die einem liegen. Jeder Mensch hat Stärken, die er nur deshalb nicht als solche erkennt, weil er sie für Selbstverständlich erachtet. Wie ein Fisch, der sein ganzes Leben im Wasser verbringt und dieses deshalb nicht weiter bemerkt, finden sich viele Betroffene in ihrer Welt zurecht ohne zu merken, wie gut sie trotz aller Schwierigkeiten den Alltag meistern.

Eine Übung die dabei hilft, sich der eigenen Kompetenzen bewusst zu werden, ist, sich durch die Augen einer anderen Person wahrzunehmen. Gedankenspiele wie das des inneren Kindes helfen dabei. Für dieses sind drei Schritte vonnöten:

1. Sich vorstellen eine jüngere Version von einem selbst habe grade eine schlimme Erfahrung hinter sich und bräuchte Hilfe dabei wieder zu Kräften zu kommen.

2. An das innere Kind herantreten und ihm zeigen, dass es nicht alleine ist.
3. Mit dem inneren Kind so umgehen wie mit einem tatsächlichen Kind: Rücksicht nehmen, konstruktiv sein und ihm Mut zusprechen.

Gute Gründe sich nicht für Binge Eating zu schämen

- Viele Menschen haben Probleme mit Essen und ihrem Körper. Es ist ganz normal hin und wieder an sich selbst zu zweifeln.
- Neutral ausgedrückt ist Binge Eating eine Problembewältigungsstrategie. Jeder braucht eine Strategie um mit Problemen umzugehen. Wer von Binge Eating betroffen ist, hat lediglich noch keine bessere Strategie gefunden, wird dies aber, wenn er danach sucht.
- Scham wird oft von anderen Menschen benutzt um Macht auszuüben. Nur selten ist diese Scham wirklich angemessen und niemand hat die Pflicht dieses Spiel mitzuspielen.
- Jeder Mensch kann dazu gebracht werden sich wie im Rausch mit Essen vollzustopfen, man muss ihn nur lange genug auf Diät setzen (Müller et al., 2015). Essattacken haben also rein gar nichts mit persönlicher Schwäche zu tun.

15

Gesundheit im Fokus

Gesunder Sport

Vom Binge Eating Betroffene legen in der Regel viel Wert auf ihr Aussehen und sind gut im Bilde über den Einfluss von Ernährung und Sport auf den Körper. Doch eben jenes Wissen kann sich auch gegen sie richten, z.B. in Form überambitionierter Diäten und von Körperablehnung geleitetem Sport. Das Problem ist an dieser Stelle weder die bewusste Ernährung, noch der Sport, sondern vielmehr die extreme Art und Weise, in der sie umgesetzt werden.

Wird Fitnesstraining ausgewogen und sich selbst gegenüber wohlwollend praktiziert, kann es dabei helfen Binge Eating zu überwinden. Der effektivste Weg in diese Richtung ist Training, das dem Muskelaufbau dient. Dieser ist nämlich nur bei einem moderaten Kalorienüberschuss (ca. 200 kcal über dem Bedarf – Sportliche Tätigkeit bereits mit einbezogen) und den Rückgriff auf vollwertige Lebensmittel möglich. Zudem verstärkt er das Gefühl für den eigenen Körper und bekräftigt die Ansicht auch ohne radikale Mittel positiven Wandel bewirken zu können. Einer der größten Vorteile ist die Umdeutung von Gewicht. Eine vergleichsweise muskulöse Frau wiegt mehr, sieht aber gleichzeitig schlanker aus. Regelmäßige körperliche Ertüchtigung, wirkt zudem Schuldgefühlen entgegen und hilft dabei Emotionen auf andere Weise als durch Essen zu regulieren.

Durch den konstruktiven Einsatz des eigenen Körpers und seiner Kraft wird zudem ein positiver Selbstbezug aufgebaut. Sport sollte nicht zum Abnehmen praktiziert werden, sondern um diese Beziehung weiter auszubauen. Zu wissen, dass viele Aspekte des Körpers gut sind und demnach mit Arbeit und Anstrengung noch besser werden, verschafft Erleichterung. Selbst für Veränderung sorgen zu können bringt Spaß und zeigt, dass man sich nicht komplett verändern muss, um gut genug für die eigenen Ansprüche zu sein.

Die Grundeinstellung sollte lauten: *„Ich mag ... und ... an meinem Körper und mir ist bewusst, dass ich in Zukunft noch weitere Dinge an mir finden werde, die mir gefallen."*

Wer gesund werden und bleiben will, benötigt regelmäßige körperliche Aktivität im Alltag. Sport ist demnach unabdingbar; egal wie der Sport aussieht. Wichtig ist nur, dass Sport nicht als Purging-Technik eingesetzt wird um möglichst viele Kalorien zu verbrennen oder sich selbst zu bestrafen. Stattdessen darf Sport ein Werkzeug für eine gesunde, selbstbestimmte Lebensweise dienen, die einen näher zu sich selbst bringt.

6 Regeln für die Etablierung gesunder sportlicher Tätigkeit

- Viele Sportarten ausprobieren, bis schließlich eine gefunden wird, die Spaß macht.
- Einen sozialen Rahmen nutzen um selbst nicht Initiator der Tätigkeit zu sein und so weniger Überwindungskraft aufbringen zu müssen (z.B. Mannschaftssport oder Trainingspartner).
- Alternative Workouts finden, die sich auch bei Zeitmangel und unabhängig von bestimmten Zeiten und Orten durchführen lassen.
- Für schlechte Tage Minimal-Workouts parat halten, die so kurz und entspannt sind, dass sie auch dann möglich sind, wenn weder genug Lust noch Energie da sind. So wird die Gewohnheit aufrecht erhalten und Toleranz dafür entwickelt, dass nicht immer maximale Leistung möglich ist.
- Sport soll so angenehm wie möglich gestaltet werden. Ganz egal ob es Duftkerzen Zuhause, Hörbücher draußen oder Spiele und Unterhaltungen in der sozialen Gemeinschaft sind.

- Jede Art von Sport, bei der sich liebevoll mit dem eigenen Körper auseinandergesetzt wird und dieser konstruktiv eingesetzt wird, zählt. Ganz egal wie viele Kalorien dabei verbrannt werden oder ob es sich wie „richtiger Sport" anfühlt.

Beispiele: 7-Minuten-Pilates-Einheit, Dehnübungen, Kraftsport mit App Zuhause, Kraftsport im Fitnessstudio, Tischtennis in der Arbeitspause, Billard am Abend mit Freunden, Boxen im Verein und gegen den Sandsack Zuhause, Schwimmen, Hallen-Klettern im 2er-Team, Yoga in einer geleiteten Gruppe, Yoga nach dem Aufstehen, Wandern und dabei ein Hörbuch hören, ...

Gesunder Alltag und gesundes Zuhause

Bei vielen Betroffenen von Binge Eating wird der Alltag fast vollends von Sorgen über Aussehen, Gewicht und die Essensaufnahme vereinnahmt (Fairburn, 2013). Zuvor wichtige Interessen und Aktivitäten nehmen an Bedeutung ab, sodass den Themen der Essstörung immer weniger entgegengesetzt werden kann. Besonders im Inneren – in Gedanken, Gefühlen und dem Selbstbild – nehmen die leidigen Themen zu viel Raum ein. Dadurch, dass weniger positive Gedanken, Emotionalität und Selbstwert durch andere Bereiche auftreten, bildet sich ein gefährliches Ungleichgewicht aus.

Grade weil dieses Ungleichgewicht schmerzhaft ist, setzen einige Betroffene ihm eine Extremposition entgegen und versuchen das Thema „Körper" vollends aus ihrem Leben zu verbannen.

Doch Aussagen wie *„Es kommt nur auf die inneren Werte an!"* helfen nicht. Denn auch dann, wenn einem selbst das Innere einer Person wichtiger ist als ihr Erscheinungsbild, sollte der eigene Körper nie vollständig egal werden. Er ist ein kleines Puzzlestück eines viel größeren Selbstbilds. Sich als vielseitiger, facettenreicher Mensch zu betrachten und auch so auszuleben hilft dabei, sich auf diesen Gedanken einzulassen.

Um den positiven Bezug zu sich selbst wiederzuerlangen, sollte vermehrt Aktivitäten und Interessen nachgegangen werden, für die man sich begeistern kann. Dazu zählt insbesondere, Beschäftigungen, welche im Rahmen der Essstörung verloren gegangen sind, wieder zu entdecken sowie sich neue Interessen und Hobbys anzueignen. Dies lenkt ab, baut die Sozialfähigkeit aus, stärkt die emotionale Stabilität und hilft beim Aufbau von Selbstbewusstsein. Demnach entstehen im Alltag weniger Essattacken, da man seine Zeit konstruktiver nutzt und beschäftigter ist. Das eigene Wohlbefinden sollte ernst genommen werden, z.B. indem die Aktivitäten, die einem besonders viel Spaß machen, regelmäßiger geplant werden.

Zu Beginn könnte die Umstellung des Alltags überfordern, weil der Alltag meist schon belastend und zeitaufwendig genug wirkt, aber genau das ist der Grund, weshalb sich neuen, glücklich machenden Aktivitäten angenommen werden sollte.

10 Regeln für einen gesunden Alltag

Regel 1: Nicht öfter als einmal pro Woche wiegen

Durch Faktoren wie den individuellen Wasserhaushalt ist das Körpergewicht starken Schwankungen unterworfen (Fairburn, 2013). Deswegen ergibt es keinen Sinn, sich auf täglicher Basis zu wiegen. Dies fördert nur die Gewichtsobsession, schlechte Stimmung und allgemeine Unzufriedenheit und erhöht dadurch die Wahrscheinlichkeit für die Entstehung von Essattacken. Es ist jedoch auch nicht ratsam, das Thema Körpergewicht zu verdrängen, da so Sorgen und Spekulation Tür und Tor geöffnet wird. Stattdessen sollte Normalisierung der belastenden Themen das Ziel sein. Sich zu festen Zeiten einmal wöchentlich zu wiegen ist die beste Option.

Regel 2: Verfügbarkeit von Binge-Lebensmitteln mindern

Bei den meisten Essattacken werden immer wieder dieselben Lebensmittel oder dieselbe Art von Lebensmitteln gegessen. Schon beim Einkauf sollten diese Lebensmittel weglassen werden. Die Lebensmittel, die noch zu Hause im Vorratsschrank und Kühlschrank sind, sollten weggeworfen oder verschenkt werden. Nicht sämtliche leckere oder ungesunde Lebensmittel sind gemeint, sondern nur die, welche fester Bestandteil von vorkommenden Essattacken sind. Dabei geht es nicht darum, sich diese Lebensmittel zu verbieten, sondern darum, dass sie nicht mehr in Zusammenhang mit Essattacken gebracht werden. Sobald die Lebensmittel für längere Zeit nicht mehr Teil der Essattacken waren, können sie langsam wieder in die normale Ernährung integriert werden. Wie das geht, wird im Verlauf des Umsetzungsprogramms (Kapitel 16) gezeigt.

Regel 3: Befriedigendes Esserlebnisse außerhalb von Binge Eating schaffen

Es sollte immer genügend Essen zur Verfügung stehen, das nicht mit Essattacken in Verbindung steht, aber dennoch gut schmeckt. Dies hilft dabei, Essen mit positiven Gefühlen und Gedanken zu assoziieren und normalisiert die Nahrungsaufnahme.

Regel 4: Planung von Einkäufen

Jeder Einkauf auf leeren Magen stellt eine Belastung dar, weil den diversen Verlockungen des Nahrungsangebots Widerstand geleistet wird. Dies verstärkt einerseits die Tendenz, sich Lebensmittel zu verbieten und verlockt andererseits zu Essattacken. Der Weg zum Supermarkt sollte also nur gut gesättigt und mit Einkaufszetteln in der Tasche angetreten werden.

Regel 5: Unnötige Konfrontation mit Essen reduzieren

Bei vielen Betroffenen führen Tätigkeiten, die mit Essen zu tun haben, zu großer Anspannung und lösen dadurch Essattacken aus. Entsprechend kann es entlastend sein, sich diesen Situationen seltener auszusetzen. So sollte beispielsweise nur dann für andere gekocht werden, wenn es wirklich nötig ist.

Regel 6: Sozialen Zwängen nicht nachgehen

Wer auswärts isst, sollte schon vorher überlegen, was er zu sich nehmen möchte. Während dem Essen auswärts darf innegehalten und geplant werden, wie viel man essen möchte. Wenn im sozialen Miteinander dazu gedrängt wird, mehr zu sich zu nehmen, darf sich eine Ausrede gesucht werden, um sich der unmittelbaren Situation zu entziehen. Falls beim Essen mit Freunden oder der Familie andere Personen Essen nachgeben wollen, darf es höflich abgelehnt werden, z.B. mit der Betonung darauf, dass man selbst genug hatte und es wirklich gut geschmeckt hat. Es kann an der Stelle helfen, den Teller wegzuräumen, sobald man satt ist.

Regel 7: Bei Rückfällen und Purges Ablenkung parat haben

Purging löst Essattacken aus und Essattacken lösen Purging aus. Bei der Auseinandersetzung mit Binge Eating kann es gehäuft zu beidem kommen. Es ist enorm wichtig für den Fall der Fälle Aktionen parat zu halten, die angemessen ablenken. Das Bedürfnis nach Purging und Binge Eating lässt in den meisten Fällen nach ca. einer Stunde ganz von alleine nach. Wenn innerhalb dieser Stunde etwas anderes gemacht wird, ist man beschäftigt und das Resultat daraus das Ausbleiben von Purging und Essattacken.

Beispielaktivitäten zur Ablenkung sind z.B:

- Spazieren gehen

- Fahrrad fahren
- Telefonieren
- Sport
- E-Mails beantworten
- Termine planen
- Schauen emotional bewegender Filme und Serien
- Videospiele
- Tanzen
- Singen
- Musik hören, die glücklich macht (dafür kann im Vorfeld eine Playlist erstellt werden)

Es ist empfehlenswert, sich nicht auf die obigen Tätigkeiten zu beschränken und eine persönliche Liste von Aktivitäten zu erstellen. Dabei ist es egal, welche Aktivität ausgeführt wird, solange sie die folgenden drei Kriterien erfüllt:

- Sie erfordert aktives Mitwirken oder löst starke Emotionen aus
- Sie macht Spaß
- Sie ist realistisch und lässt sich problemlos durchführen

Regel 8: Richtig mit Spiegeln umgehen

Viele, die von Binge Eating betroffen sind, nutzen häufiger Spiegel als nicht Betroffene. Doch anders, als die böse Königin aus dem Märchen Schneewittchen fragen sie sich dabei nicht: *„Wer* *ist die Schönste im ganzen Land?"*, sondern, ob sie als Mensch liebenswert sind. Durch verzerrte Selbstwahrnehmung, fällt die Antwort selten positiv aus und senkt auf täglicher Basis den Selbstwert.

Spiegel sollten nicht verwendet werden um etwas über eigene Figur herauszufinden. Genau wie bei der Wage sind die Unterschiede von Tag zu Tag so klein, dass keine relevante Information entnommen werden kann. In den Spiegel gucken führt als Konsequenz nur zu einer negativen Gewichts- und Körperfokussierung und damit verbundener Grübelei.

Unter Umständen sollte die Anzahl der Spiegel im Haushalt reduziert werden. Das stellt besonders zu Beginn seines Heilungsprozesses eine Unterstützung dar, weil Betroffene sonst übermäßig mit dem eigenen Körperbild konfrontiert werden. Jedoch sollte Spiegeln nicht vollständig aus dem Weg gegangen werden, da dies Scham und Sorge fördern würde. Ein gesundes Mittelmaß ist gefragt. Bevor Spiegel benutzt werden, sollte stets überlegt werden: *„Wofür genau will ich grade den Spiegel verwenden?"*. Spiegel sollten nur als Mittel zum Zweck verwendet werden, beispielsweise für kosmetische Aspekte oder um die Frisur zu richten. Wer dazu neigt sich vor dem Spiegel für seinen Körper selbst zu erniedrigen, sollte es unterlassen sich vor dem Spiegel zu entkleiden oder anzuziehen. In diesem Fall kann das Outfit des Tages schon zusammengestellt werden, bevor es getragen wird.

Wenn in den Spiegel geblickt wird, ist es wichtig, sich selbst als Ganzes wahrzunehmen. Die Konzentration sollte nicht auf einzelnen Körperteilen liegen und schon gar nicht auf vermeintlichen Problemzonen. Wer sich dennoch dabei ertappt, kann auf neutrale Körperzonen wie Hände, Füße, Knie, Haare umschwenken oder auf das, was im Spiegel außer der eigenen Person zu sehen ist.

Regel 9: Dem eigenen Körper nicht aus dem Weg gehen

Dem eigenen Aussehen komplett aus dem Weg zu gehen ist keine Alternative. Der Körper wird positiver wahrgenommen, wenn man mit ihm aktiv wird oder liebevoll mit ihm interagiert, z.B. durch Massage, Body Lotion oder warme Bäder.

Regel 8 und 9 sind keine Widersprüche. Bei beiden geht es darum, ein gesundes Mittelmaß zwischen Spiegelobession und der Vermeidung des eigenen Anblicks zu finden. Hierzu sollte zunächst ermittelt werden, in welche Richtung das eigene Verhalten eher geht. Wer sich unter übergroßer Kleidung versteckt und Schaufenstern aus dem Weg geht um sich nicht in der Scheibe zu spiegeln, sollte sich wieder an die tägliche Benutzung von Spiegeln gewöhnen. Wer hingegen alle paar Minuten in Autoscheiben oder auf das ausgeschaltete Smartphone blickt, um sich zu vergewissern, ob er gut genug aussieht, tut gut darin, auf derlei Verhaltensweisen zu achten und sie zu reduzieren.

Regel 10: Faire Vergleiche

Viele Betroffene von Essstörungen vergleichen sich häufig mit anderen. Dabei fallen die Vergleiche selten konstruktiv aus, sondern werden häufig benutzt um Selbsthass und Scham zu legitimieren. Dies erzeugt negative Emotionen und Gedanken und erhöht die Wahrscheinlichkeit für Essattacken. Wer sich beim Vergleichen ertappt, sollte sich die folgenden Fragen stellen:

- *„Mit wem vergleiche ich mich?"*
- *„Auf welcher Grundlage ist es zu dem Vergleich gekommen?"*
- *„Warum genau vergleiche ich mich mit dieser Person?"*
- *„Welche Aspekte stehen dabei im Fokus?"*
- *„Wie vergleiche ich mich?"*

In der Regel vergeht der Drang des Vergleiches bei Beantwortung der obigen Fragen von alleine. Falls er jedoch immer noch besteht, kann ein zusätzlicher Realitäts-Check helfen: Man verlässt die Situation und geht auf die Straße. Dann schaut man sich alle Personen des gleichen Alters und Geschlechts genau an, und versucht diese an den selben Maßstäben zu messen, wie sich selbst. Anschließend stellt man sich die Frage, ob die Vergleiche unmerklich fairer ausgefallen sind, als bei einem selbst. Wenn dies zutrifft, ist dies ein Indikator dafür, dass man sich abwerten wollte. Die Gegenmaßnahme besteht nun darin, sich selbst bei Vergleichen die selbe Empathie und Milde entgegenzubringen, wie fremden Personen.

3

Die Umsetzung

16

Binge Eating Schritt für Schritt überwinden

Bei dem vorliegenden Programm handelt es sich um eine Zusammenfassung der bisherigen Buchinhalte. Entsprechend enthält es keine neuen Inhalte, sondern bündelt bereits bekannte Inhalte und animiert dazu, sie anzuwenden. Leser, die mit diesem Teil des Buches beginnen, erhalten Hinweise auf die jeweiligen Buchabschnitte, in denen die Hintergründe der folgenden Schritte erläutert werden. Falls also etwas unklar sein sollte, lassen sich die meisten Fragen durch die Lektüre der entsprechenden Kapitel beantworten.

Die Schritte des Programms sind gut erprobt und bilden das Fundament der meisten Therapien von Binge Eating. Innerhalb von einem Monat schaffen es über die Hälfte der Anwender ihre Essattacken auf unter ein Drittel zu reduzieren (Fairburn, 2013). Auch, wer etwas mehr Zeit benötigt wird es am Ende schaffen, seine Situation durch die folgenden Schritte deutlich zu verbessern. Denn auch, wenn es sich anders anfühlen mag, steigt mit jedem weiteren Versuch die Wahrscheinlichkeit Binge Eating hinter sich zu lassen. Es gibt also kein Scheitern, sondern nur schnelles oder etwas langsameres Gewinnen.

Bevor wir mit den ersten Schritten beginnen, rufen wir uns ins Gedächtnis, wodurch Binge Eating ausgelöst wird. Binge Eating geht meist auf drei Ursachen zurück:

1. **Strikte Ernährungsweise (siehe Kapitel 10)**

Als strikt gilt eine Ernährungsweise dann, wenn sie von strengen Regeln bezüglich der Menge und dem was gegessen wird geprägt ist. Nicht jede Diät ist für alle Personen schädlich, doch wenn jemand von Binge Eating betroffen ist, dann ist die Wahrscheinlichkeit, dass dies an einer Diät liegt sehr hoch. Die Ursache für Binge Eating liegt nicht in der Person selbst, sondern in den Umständen, denen sie sich unterwirft. Jeder Mensch kann zu regelmäßigen Essattacken gebracht werden, wenn man ihn lange genug hungern lässt (Müller et al., 2015). Dies geht auf die Art und Weise zurück, wie unser Körper funktioniert. Hätten sich die Menschheit nicht angeeignet, nach Zeiten des Hungers große Mengen Essen zu verschlingen, wäre sie ausgestorben.

Wer also einer strikten Ernährungsweise folgt, kann zwar kurzfristig vermeintliche Erfolge feiern, wenn er nichts isst, aber wird zwangsläufig früher oder später scheitern. Je strikter die Regeln, die das Essen bestimmen, umso weniger Raum bleibt der Person, die diese Regeln befolgen muss. Weil viele Betroffene dazu neigen, den kleinsten Regelverstoß als Misserfolg zu werten, erhöht jede weitere Regel die Wahrscheinlichkeit eines Rückfalls. (Eine Ausnahme bilden natürlich die Regeln, welche im Verlauf dieses Buchs besprochen werden. Sie sind gut erprobt und es kann sich bedenkenlos auf sie verlassen werden.)

2. Schlechte Stimmung (siehe Kapitel 13)

Binge Eating ist ein sehr effektives Werkzeug um unliebsamen Gedanken und Gefühlen zu entkommen. Egal welche Belastung ansteht, zunächst kann sie durch das Geschmackserlebnis und dann durch die starken Gefühle von Reue, Scham und Selbsthass verdrängt werden. Menschen, die sich in ihrem Alltag häufig mit Problemen konfrontiert sehen, werden deshalb auch mehr Essattacken erleben. Nun gibt es zwei Wege damit umzugehen. Der offensichtliche ist die Bewältigung der Probleme. Doch gerade, wer schon durch Binge Eating belastet ist, hat häufig noch nicht genug Energie hierfür. Deshalb kommt ein anderer Lösungsweg in Frage: Die gesunde Regulation von schlechter Stimmung. Je besser mit negativer Stimmung umgegangen werden kann, desto unwahrscheinlicher werden Essattacken.

Der richtige Umgang mit Emotion ist zwar ein lebenslanger Lernprozess, doch es existieren trotzdem einige Techniken zur Soforthilfe. Diese sind bereits in die folgenden Schritte eingearbeitet. (Sie werden aber auch ausführlich im Verlauf des Buches dargestellt. Z.B. in Kapitel 13.)

3. Überbewertung des eigenen Körpers (siehe Kapitel 6)

Hinter den Verhaltensweisen, die Binge Eating auslösen, steckt oft die Annahme, dass der Wert eines Menschen maßgeblich durch seine Schönheit, seinen Körper und sein Gewicht bestimmt wird. Dies ist einer der Gründe, warum immer weniger anderen Beschäftigungen nachgegangen und der Alltag von belastenden Gedanken geflutet wird. Um dem Herr zu werden müssen sich die Teile des Selbst wieder mehr Raum verschaffen, die innere Werte repräsentieren. Wer Hobbys, Bekannte oder einen erfüllenden Job hat, der ist gut in vielen Dingen und kennt viele Wege sich selbst glücklich und stolz zu machen.

Vielleicht liegen diese Wege auch in der Vergangenheit und sind durch den Rückzug vor sich selbst und der Welt nicht mehr so gut passierbar wie früher. Vielleicht macht es auch nicht mehr so viel Spaß sie zu gehen, weil die Kraft dafür fehlt. Aber genau das sind gute Gründe dafür, diese Wege wieder öfter zu passieren; vorsichtig Schritt für Schritt und ohne den Druck alles perfekt machen zu müssen. Genau dafür ist das Umsetzungsprogramm gedacht.

Jedes effektive Programm gegen Binge Eating zielt darauf ab, den Umgang mit den obigen drei Punkten zu verbessern. In den meisten Fällen wird dies mithilfe eines Schritt-für-Schritt-Plans erledigt. Die Unterteilung in Schritte hilft dabei, eine klare Struktur in die Problemlösung zu bringen. Es ist jedoch nicht nötig sich dadurch stressen zu lassen. Jeder Schritt darf in eigener Geschwindigkeit gegangen werden. Das gehört zum Prozess dazu und hilft dabei, die Veränderungen zur Gewohnheit zu machen. Auch Rückfälle sind Teil des Weges und werden deshalb mit dem „Spickzettel für Rückfälle" (Ende des Buches) gesondert behandelt.

Es gibt nicht den einen perfekten Plan, der alle Probleme löst, aber sehr wohl Techniken, die erwiesenermaßen die Situation verbessern. Ein Anliegen dieses Buches ist es, zu zeigen, warum diese Techniken funktionieren, damit der Leser sie noch besser auf sich selbst abstimmen kann. Wer also nicht sofort Erfolge erzielt, kann ruhigen Gewissens am Ball bleiben und immer wieder auf die anderen zwei Teile des Buches zurückgreifen. Es ist ganz normal, dass eine Verhaltensweise, die sich über viele Jahre gebildet hat, auch wieder einige Wochen oder Monate benötigt um verändert zu werden.

Gehen wir nun zum praktischen Teil über und fangen mit der Veränderung an.

Schritt 1: Verständnis für sich Selbst entwickeln

Binge Eating mag auf den ersten Blick chaotisch und grundlos erscheinen, folgt aber in Wahrheit ganz bestimmten Mustern, die sich von Person zu Person unterscheiden. Bevor wir uns in den Kampf gegen die Problematik werfen, ist es hilfreich sich der eigenen Muster bewusst zu werden. So kann ein Verständnis für sich Selbst entwickelt werden, dass mehr Selbstliebe und einen konstruktiven Umgang mit der Problematik ermöglicht. Außerdem kann mit den gesammelten Informationen viel effektiver gearbeitet werden. Wer z.B. merkt, dass seine Essattacken fast immer nach einem stressigen Arbeitstag stattfinden, weiß, wo er anfangen kann. Selbst bei vermeintlich schweren Fällen, kann eine Reduktion der Essattacken durch so simple Dinge wie fünf Minuten Meditation oder verändertes Pausenmanagement erreicht werden. Unter Umständen liegen die Probleme aber auch tiefer – z.B. in einer unglücklichen Ehe oder problematischen Arbeitszeiten. Zum Glück müssen nicht alle Probleme des Alltags gelöst werden, damit eine Besserung eintritt. Oft reicht es schon die Zusammenhänge zu kennen, denn durch sie wird klar, dass die Probleme von äußeren Umständen ausgelöst werden und nicht Teil der eigenen Person sind.

Die bis dato beste Technik, sich der eigenen Muster bewusst zu werden, mag zunächst überraschen. Es handelt sich um die tägliche Aufzeichnung, der folgenden Punkte:

- Uhrzeit
- Was gegessen bzw. getrunken wurde
- Ort und Kontext in dem gegessen bzw. getrunken wurde
- Hungergefühl
- Ob es sich die Nahrungsaufnahme wie eine Essattacke angefühlt hat oder nicht
- Weitere Kommentare in Verbindung mit der Nahrungsaufnahme (z.B. Stimmung, Gedanken oder andere relevante Details)

- (Bei Betroffenen von Bulimie: Ob Gegenmaßnahmen ergriffen wurden (Purging) oder nicht)

Am besten lassen sich die Aufzeichnungen in einer Tabelle eintragen. Es bietet sich an, hierfür ein Notizbuch zu verwenden. Das Notizbuch sollte immer mit sich geführt werden können. Die Aufzeichnungen sollten täglich erfolgen und direkt nach den entsprechenden Mahlzeiten stattfinden. Die folgende Tabelle stellt ein Beispiel dar. Das zugehörige Muster kann entweder direkt aus dem Buch abgeschrieben werden. Wichtig ist nur, dass für jeden Tag eine Tabelle zur verfügung steht, die schnell ausgefüllt werden kann.

ZEIT	ESSEN & GETRÄNKE	ORT & KONTEXT	HUNGER (0-10)	ESSATTACKE (JA/NEIN)	KOMMENTAR	PURGING (JA/NEIN)

Tabellenvorlage

ZEIT	ESSEN & GETRÄNKE	ORT & KONTEXT	HUNGER (0-10)	ESSATTACKE (JA/NEIN)	KOMMENTAR
7:30	Ein Käsebrot und eine Orange	Frühstückstisch	4	Nein	Muss zur Arbeit und will grade zum Glück nichts essen.
12:30	Rohkost	Büro	7	Nein	Habe mehr Hunger, aber keine Zeit und halte es noch bis zum Abendbrot aus.
17:30	1/2 Blech Lasagne	Küche	10	Ja	Fühle mich schrecklich! Wollte eigentlich nur ein Stück essen, höchstens zwei… Ich denke die ganze Zeit an die vielen unnötigen Kalorien. Darf bis morgen Mittag nichts mehr essen.
21:00	1 Becher Eis	Sessel beim Fernsehen gucken	3	Ja	Habe es eh schon versaut und konnte mich nicht beruhigen. Habe jetzt einen ganzen Becher gegessen, weil es eh sinnlos ist. Fühle mich hässlich und undiszipliniert. Versuche es trotzdem morgen nochmal.

Ausgefüllte Beispieltabelle

Häufige Einwände/Fragen:

Ich habe schon oft ein Ernährungstagebuch geführt und es hat mir nicht geholfen.

Es handelt sich bei der Aufzeichnung nicht um eine Ernährungstagebuch, wie es bei Diäten verwendet wird. Das Ziel ist nicht, Nahrung festzuhalten, um sie zu begrenzen, sondern im Gegenteil: Strukturen dieser Art ausfindig zu machen und bessere Alternativen zu finden.

Ich habe nicht die Zeit für die Aufzeichnung.

Die Aufzeichnung sollte so einfach wie möglich gehalten werden und es reicht vollkommen aus, wenn nur Stichpunkte notiert werden. Im Schnitt sind für die Aufzeichnung nur 5-15 Minuten pro Tag nötig. Es ist wichtig sich diese Zeit zu nehmen und sich um sich selbst zu kümmern. Die Überwindung von Binge Eating lohnt sich immer und wird mehr Zeit und Lebensqualität bringen.

Ich möchte mich nicht noch mehr damit beschäftigen, was ich esse.

Dieser Einwand ist sehr nachvollziehbar. Nur selten fühlen sich Betroffene wohl damit, dem verhassten Verhalten so direkt zu begegnen. Auch der Ansatz sich nicht übermäßig mit den eigenen Essgewohnheiten zu beschäftigen ist sonst absolut richtig. Für diesen Fall wird nur deshalb eine Ausnahme gemacht, weil sich wiederholt gezeigt hat, dass die Vorteile überwiegen (Fairburn, 2013). Nachdem die ersten paar Male überwunden sind, stellt sich zudem oft ein Gefühl der Erleichterung und Klarheit ein. Wer das Problem dem Blatt übergibt, stellt sich mutig seinem Problem und muss es nicht mehr länger in seinem Kopf mit sich herumtragen.

Wie lange muss ich die Aufzeichnungen führen?

Es sollte mindestens solange eine Aufzeichnung über das eigene Essverhalten geführt werden, bis sich erste Besserungen zeigen. Diese ergeben sich oft ganz unmerklich im weiteren Prozess. Zudem werden auch positive Veränderungen des eigenen Verhaltens zusammen mit ihren Folgen erfasst. Grade bei Rückfällen hilft es vielen Betroffenen, zu sehen, dass sie bereits öfters in der Lage waren, diese gut wegzustecken und weiterzumachen.

Wann sollte ich zum nächsten Schritt übergehen?

Jeder Schritt sollte eine Zeit lang durchgeführt werden, bis sich das Verhalten im Alltag etabliert hat und eine Gewöhnung daran stattgefunden hat. Dann kann zum nächsten Schritt übergegangen werden. Die Schritte lösen sich nicht gegenseitig ab, das bedeutet: auch wenn zum zweiten oder dritten Schritt übergegangen wird, sollte weiterhin die Aufzeichnung aus Schritt 1 fortgesetzt werden. Dies gilt für alle Schritte des Programms.

Schritt 2: Stabilisierende Ernährungsweise

Regelmäßiges Essen ist das Gegenstück zur strikten Ernährungsweise und damit das gesündeste Verhalten, das Betroffene von Binge Eating an den Tag legen können. Wer es schafft, regelmäßig genügend zu essen, hat in der Regel keine Essattacken mehr; und falls doch, fallen diese deutlich kleiner aus. Mahlzeiten dürfen unter keinen Umständen übersprungen oder aufgeschoben werden. Zudem muss immer genügend gegessen werden, um den Tag über satt zu sein. Gerade letzteres fällt vielen schwer, da Binge Eating Hunger- und Sättigungsgefühl beeinträchtigen kann.

Um allen drei Problemen gerecht zu werden, muss die Nahrungsaufnahme im Vornherein geplant werden und es sollten täglich mindestens fünf bis sechs Mahlzeiten stattfinden. Davon sollten drei Mahlzeiten Hauptmahlzeiten und zwei bis drei Mahlzeiten Snacks sein. Mit Snacks sind an dieser Stelle Zwischenmahlzeiten gemeint. Zwischen den einzelnen Essenszeiten dürfen höchsten vier Stunden liegen. Zudem soll auch dann gegessen werden, wenn kein Hungergefühl präsent ist.

Die Umstellung kann sich zu Beginn komisch oder sogar falsch anfühlen. Dies liegt daran, dass die stabilisierende Ernährungsweise in den meisten Fällen das genaue Gegenteil von der gewohnten Binge-Eating-Ernährungsweise darstellt. Grade deshalb ist es so wichtig, sich trotz aller Bedenken an die Planung zu halten. Die Planung darf ausdrücklich nicht benutzt werden um Mengen oder bestimmte Lebensmittel einzuplanen. Das Einzige, was zählt ist, dass die Mahlzeiten sättigen.

Die Gründe für die obigen Vorgaben, sowie weitere Hilfsmittel und Details der stabilisierenden Ernährungsweise werden in Kapitel 10 geschildert.

Auch die Planung der Essenszeiten sollte schriftlich erfolgen. Am besten wird hierfür ebenfalls auf das Notizbuch zurückgegriffen, das für den ersten Schritt benutzt wird. Die Essenszeiten sind wie wichtige Termine zu behandeln, die bei der sonstigen Tagesplanung berücksichtigt werden müssen.

Bei dem Folgenden handelt es sich um eine Beispielplanung. Diese soll nicht 1:1 übernommen werden, sondern individuell auf den eigenen Alltag abgestimmt und so gestaltet werden, dass sie tatsächlich täglich umgesetzt werden kann. Insbesondere in den ersten Tagen kann die Umsetzung der Planung einiges an Überwindung kosten, mit der Zeit wird es aber immer leichter fallen. Wer überfordert ist, dem kann es helfen, an einem freien Tag mit der Umstellung zu beginnen.

MONTAG	DIENSTAG	MITTWOCH	DONNERSTAG	FREITAG	SAMSTAG	SONNTAG
8:00 Frühstück	8:00 Frühstück	8:00 Frühstück	8:00 Frühstück	8:00 Frühstück	10:00 Frühstück	10:00 Frühstück
10:00 Snack Büro	10:00 Snack Büro	10:00 Snack Büro	10:00 Snack Büro	10:00 Snack Büro		
12:30 Mittag Arbeitspause	12:30 Mittag Arbeitspause	12:30 Mittag Arbeitspause	12:30 Mittag Arbeitspause	12:30 Mittag Arbeitspause	12:30 Mittag	12:30 Mittag
15:00 Snack Büro	15:00 Snack Büro	15:00 Snack Büro	15:00 Snack Büro	15:00 Snack Büro	15:00 Snack	15:00 Snack
18:00 Abendessen	18:00 Abendessen	18:00 Abendessen	18:00 Abendessen	18:00 Abendessen	18:00 Abendessen	18:00 Abendessen
					20:00 Snack	20:00 Snack

Beispielplanung einer Büroangestellten

Häufige Einwände/Fragen:

Ich habe nicht die Zeit dafür, regelmäßig zu essen.

Erfahrung mit vielen Betroffenen hat gezeigt, dass absolut jeder genug Zeit hat um die stabilisierende Ernährungsweise umzusetzen. Selbst Betroffene mit Kindern und Vollzeitbeschäftigung können fünf bis zehn Minuten aufbringen um ein Sandwich zu essen oder nach einer Packung Nüsse zu greifen. Hauptmahlzeiten lassen sich notfalls vorkochen und in der Lunchbox transportieren.

Wenn ich regelmäßig esse, nehme ich zu.

Wenn Essen zuvor als Fehltritt gewertet wurde, fällt es verständlicherweise schwer, wieder zu regelmäßigen Mahlzeiten überzugehen. Es braucht seine Zeit um die Nahrungsaufnahme wieder zu normalisieren und die Verknüpfung zum Negativen zu lösen. Es hat sich gezeigt, dass im Rahmen der stabilisierenden Ernährungsweise fast ausschließlich untergewichtige Anwender zunehmen und selbst diese sich nach wenigen Wochen auf dem Niveau von Normalgewicht stabilisieren (z.B. Fairburn, 2013). Übergewichtigen Anwender nehmen im Schnitt sogar im Verlauf einiger Wochen ab und stabilisieren sich ebenfalls. Das oberste Ziel sollte nicht die Gewichtsabnahme sein, sondern die Überwindung von Binge Eating.

Ich möchte lieber nach Gefühl essen.

Hunger- und Sättigungsgefühl werden in der Regel von Binge Eating beeinträchtigt. Der Körper gewöhnt sich an die schädliche Ernährungsweise und sendet falsche Signale aus, die das Verhalten aufrecht erhalten. Wer nach Gefühl isst, liefert sich dieser Gefahr aus und wird schneller rückfällig. Nach Gefühl zu essen wird erst dann möglich, wenn sich das Körperempfinden stabilisiert hat und für sehr lange Zeit keine Essattacken aufgetreten sind.

Sind wirklich so viele Mahlzeiten nötig?

Wer sich gestresst, ausgelaugt und hungrig fühlt, rutscht leicht in eine Essattacke. Die Menge der Mahlzeiten ist gut erprobt und hilft dabei stabiler und entspannter zu werden sowie die Kontrolle zurückzugewinnen. Sie führt dazu, dass der Körper lernt, dass er sich um Sättigung keine Sorgen machen muss und infolgedessen nur noch sehr selten in den Notfallmodus „Essattacke" schaltet.

Darf ich Essenstermine ausfallen lassen?

Die meisten Betroffenen freuen sich, wenn sie es schaffen, wenig zu essen. Auch deshalb, weil ihnen dies das Gefühl gibt, sich selbst unter Kontrolle zu haben. Im Gegenzug führt dann aber auch ganz normale Nahrungsaufnahme zu Selbstabwertung und Sorgen. Umso wertvoller ist es, wenn das regelmäßige Essen wieder zur neuen Normalität wird und wahre Kontrolle über den eigenen Körper verschafft. Damit das möglich wird, muss sich unbedingt an die gut erprobte Anzahl von Mahlzeiten gehalten werden. Das schlechte Gewissen und die Zweifel, die sich zu Beginn bei einigen Anwendern zeigen, schwinden mit der Zeit und machen Platz für mehr Selbstbewusstsein und Leichtigkeit.

Sollte ich auch essen, wenn ich keinen Hunger habe?

Ja. Aufgrund der oben geschilderten Punkte ist es sehr wichtig auch dann zu Essen, wenn kein Hungergefühl da ist. Der Körper muss sich erst wieder an ein gesundes Gefühl für Hunger und Sättigung gewöhnen.

Schritt 3: Problembewältigung

Binge Eating stellt für viele ein Werkzeug zur Bekämpfung von Stress und unangenehmen Gefühlen dar, die in Zusammenhang mit anderen Problemen auftreten. Wenn die Probleme anderweitig gelöst werden, treten also deutlich weniger Essattacken auf. Unabhängig von der Art der Probleme, helfen Techniken der Problemlösung dabei, wieder mehr Kontrolle über die Situation zu erlangen und sich besser mit sich selbst zu fühlen. Ziel des dritten Schritts ist es, aufmerksam für die kleinen Belastungen des Alltags zu werden und sich um diese zu kümmern.

Dabei helfen fünf Phasen:

Erste Phase: Die Probleme müssen identifiziert und klar ausformuliert werden. Dabei hilft es, zunächst nach negativen Gefühlen Ausschau zu halten, und deren Auslöser schriftlich festzuhalten. Häufige Auslöser sind z.B. Termindruck, Stress in der Familie, Streit unter Freunden, Innere Leere und Langeweile. Das Thema Binge Eating darf außen vor gelassen werden, da sich um dieses Problem bereits hervorragend gekümmert wird.

Zweite Phase: Nachdem die Probleme identifiziert wurden, dürfen sich Lösungen überlegt werden. Zu diesem Zweck wird das Problem, welches zuerst angegangen werden soll in die Mitte einer leeren Seite geschrieben. Dann wird eine Mind-Map erstellt, in der das Problem umkreist wird und von ihm ausgehend möglichst viele Lösungsansätze mit Strichen verbunden werden. Es bietet sich an, einen 10-Minuten-Timer zu benutzten und die erstbesten Dinge aufzuschreiben, die in den Sinn kommen. Es geht nicht um die Qualität der Lösungen, sondern nur darum möglichst viele Ideen zu Papier zu bringen.

Dritte Phase: Jetzt werden die Lösungswege evaluiert. Dazu dürfen die Auswirkungen auf Binge Eating durchdacht und in Form eines oder weniger Worte notiert werden. Es bietet sich an von den abzweigenden Lösungen ausgehend Pfeile zu zeichnen und diese mit den Konsequenzen zu verbinden.

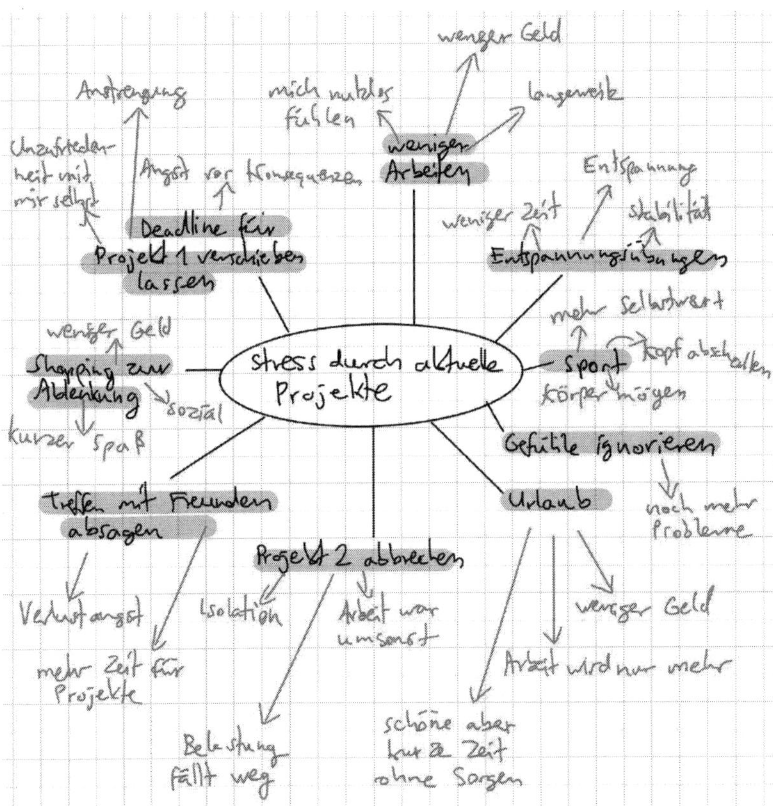

Vierte Phase: Nun steht eine gute Übersicht zur Verfügung und meist wird schon durch wenige Blicke klar, welcher Lösungsweg der beste ist. In schwierige Fällen kann die geeignetste Lösung dadurch gefunden werden, dass Stück für Stück die schlechten

Lösungen aussortiert werden und von den verbliebenen Optionen die gewählt wird, die am einfachsten umzusetzen ist.

Fünfte Phase: Nachdem die beste Option gefunden ist sollte sie direkt umgesetzt werden, wann immer das Problem auftritt. Abschließend wird notiert, was sich aus der neuen Handlungsweise ergeben hat, so dass nach und nach immer mehr Strategien zur Problemlösung ausprobiert und einander gegenübergestellt werden können.

Die Fünf-Phasen-Technik hilft dabei, Probleme zielorientiert anzugehen. Wird sie regelmäßig angewendet, entwickelt sie sich zum Automatismus und lenkt das Denken zuverlässig in konstruktive Bahnen, sodass viele negative Gefühle – insbesondere die der Hilf- und Kontrollosigkeit – gar nicht erst entstehen.

Häufige Einwände/Fragen:

Warum soll ich meine Probleme aufschreiben, kann ich nicht einfach so über sie nachdenken?

Normales Denken schweift oft ab oder führt zu Grübelei. Durch systematisches Verschriftlichen entsteht ein anderer Bezug zur Problematik. Es bildet sich ein guter Überblick und eine Ordnung, die konstruktives Handeln ermöglicht.

Ich habe Probleme, die sich nicht so einfach lösen lassen.

Das Ziel dieses Schrittes ist es nicht, sämtliche Probleme zu lösen, sondern die kleinen Schwierigkeiten der Alltags systematisch anzugehen, anstatt sie durch Binge Eating wegzuschieben.

Dadurch werden nicht nur Essattacken verhindert, sondern auch Kontrolle und Selbstwert zurückgewonnen.

Gibt es noch andere Wege, mit emotionalen Problemen und Stress umzugehen?

Ja. Entspannungsübungen wie Achtsamkeit, Meditation und Progressive Muskelrelaxation (PMR) haben sich als sehr nützlich erwiesen und können ergänzen eingesetzt werden. In Kapitel 13 wird dies näher erörtert.

Schritt 4: Konfrontation mit dem Verbotenen

Um den strikten Regeln und Verboten, mit denen sich viele Betroffen selbst kasteien, etwas entgegenzusetzen, müssen sie gebrochen werden. Dies würde normalerweise zu Essattacken führen. Verstöße werden häufig als Bestätigung der eigenen Kontroll- und Wertlosigkeit gesehen und lösen so viele schmerzhafte Gedanken und Gefühle aus. Mit diesen muss zwangsläufig irgendwie umgegangen werden. Wer die letzten Schritte gewissenhaft umgesetzt hat, hat zwar gute Chancen, anders zu reagieren als durch Essattacken, aber dennoch wäre es besser, wenn es gar nicht erst zur kritischen Situation kommt. Ein Weg dies zu erreichen, liegt darin, kritische Situationen zu erlauben und sie dadurch zu normalen Situation zu machen. Wer keine Verbote kennt, kann auch nicht gegen sie verstoßen.

Es hat sich gezeigt, dass Techniken der Expositionstherapie (die sonst vor allem zur Bekämpfung von Ängsten eingesetzt werden) sich optimal dazu eignen aus verbotenen und dadurch gefürchteten Lebensmitteln ungefährliche Lebensmittel zu machen. Die praktische Umsetzung sieht nun folgendermaßen aus:

Es wird eine Liste mit „gefährlichen" Lebensmitteln erstellt. Diese werden auf einer Skala von 1-10 bewertet, wobei „1" für „nahezu ungefährlich" und „10" für „führt fast immer zu einer Essattacke" stehen. Es kann hilfreich sein, eine separate Liste anzulegen, auf der z.B. nur Lebensmittel mit den Werten 1-3 gesammelt werden.

Anschließend werden die Lebensmittel Stück für Stück wieder in den Alltag integriert. Dabei sollte mit dem ungefährlichsten Lebensmittel begonnen werden. Dieses wird vorsichtig wieder hin und wieder zu sich genommen. Es ist dabei egal, wie wenig, oder wie viel verzehrt wird. Es ist wichtig, sich genügend Zeit zu geben, bis sich der Konsum sicher anfühlt. Erst wenn dies der Fall ist, sollte zum nächsten Lebensmittel übergegangen werden.

Wird diese Technik mit genügend Zeit und Rücksichtnahme durchgeführt, wird erlernt, dass nichts schlimmes passiert, wenn die ehemaligen Verbote überschritten werden. Es wird weder zugenommen noch treten wie aus heiterem Himmel Essattacken auf. Es handelt sich einfach nur um ganz normale Lebensmittel, die immer weniger Macht über einen haben. Wann immer sich doch noch ein bisschen Angst zeigt, kann stattdessen einfach mit einem anderen Lebensmittel gearbeitet werden. Im weiteren Verlauf können die Werte der Liste angepasst oder Lebensmittel gestrichen werden, wenn sie ungefährlich geworden sind. Jedes gestrichene Lebensmittel stellt einen immensen Erfolg dar und verringert die Wahrscheinlichkeit von Essattacken.

Häufige Einwände/Fragen:

Manche Lebensmittel lasse ich zu Recht weg, weil sie ungesund sind.

Gesundheitsbewusstes Essen ist eine gute Entscheidung. Genau deshalb ist es aber auch wichtig, alles zu tun was nötig ist, um Binge Eating zu überwinden. Dazu gehört es auch Essen jeglicher Art zu normalisieren, da sonst jede Begegnung mit diesem zur Gefahr werden kann. Der Widerstand dagegen kostet Kraft und ist insbesondere in schlechten Phasen nicht immer möglich. Zudem ist die Gefahr groß, dass die Auflagen mit wachsender Unsicherheit strenger werden und der gesamte Bereich Ernährung mit Sorgen und Stress assoziiert wird.

Ich habe jetzt noch mehr Angst vor einem bestimmen Lebensmittel.

Vereinzelt kann es passieren, dass die Auseinandersetzung mit einem Lebensmittel die Angst vor ihm noch weiter verstärkt. Ist dies der Fall, darf mit einem Lebensmittel weitergearbeitet werden, von dem geringere „Gefahr" ausgeht.

Ich hatte einen Rückfall als ich mit der Liste gearbeitet habe.

Rückfälle gehören zur Überwindung von Binge Eating dazu und haben nichts mit persönlicher Unzulänglichkeit zu tun. Es ist wichtig, dennoch am Ball zu bleiben und nicht in die Vermeidung überzugehen. Auch wenn es sich für einige so anfühlen mag, ist niemand ein hoffnungsloser Fall. Je mehr Rückfälle durchgestanden werden, desto seltener werden diese. Wer seinen Ängsten so mutig entgegentritt wie die Anwender des Programms, hat sehr gute Chancen sein Essproblem zu lösen und darf auch dann stolz auf sich sein, wenn nicht alles beim ersten Anlauf klappt.

Woran erkenne ich, wie gefährlich ein Lebensmittel ist?

Die Muster, welche durch die Aufzeichnungen aus Schritt 1 aufgedeckt wurden, enthalten häufig bestimmte Lebensmittel, die unmittelbar vor dem Auftreten einer Essattacke verzehrt wurden und somit am gefährlichsten sind. Danach kommen alle Lebensmittel, nach deren Verzehr Unwohlsein auftritt. Sollte dies nicht aus der Kommentarspalte der Aufzeichnungen ersichtlich werden, reicht meist ein Supermarktbesuch aus, um zu merken, welches Essen starke Emotionen auslöst. Je verbotener sich ein Lebensmittel anfühlt, desto gefährlicher ist es aller Regel nach auch für Essattacken.

Wie viele Lebensmittel müssen auf meiner Liste stehen?

Auf die Liste kommen alle Lebensmittel, deren Genuss mit Unwohlsein und Schuldgefühlen einhergeht. Die Anzahl ist dabei nebensächlich und von Person zu Person verschieden. Es ist okay fünf Lebensmittel auf der Liste zu haben, es ist aber auch in Ordnung 40 Lebensmittel aufzuzählen.

Wie lange sollte ich die Liste führen?

Mit der Liste darf so lange gearbeitet, bis sie leer ist. Dies kann eine ganze Weile dauern und es ist wichtig sich genügende Zeit zu nehmen und ein Lebensmittel nach dem anderen anzugehen.

Schritt 5: Den Alltag mit Leben füllen

Der Alltag vieler Betroffener dreht sich vor allem um Sorgen über Körper und Ernährung. So wird ein großer Teil des Lebens von unangenehmen Gefühlen und Gedanken geprägt. Gerade, wer schon länger unter Binge Eating leidet, kennt das Problem, dass Zeit und Kraft für Vieles fehlt und manches nicht mehr getan werden kann, weil es zu unangenehm geworden ist. Ganz egal, ob es sich um Dates, Familienessen, Schwimmsport, Kinobesuche, Ausflüge in andere Städte oder Wellnessurlaub handelt – Binge Eating geht mit Beeinträchtigungen einher.

Nun geht es darum, diese Dynamik umzudrehen: neue und unangenehme Dinge auszuprobieren und den Alltag mit erfüllenden Tätigkeiten und Interessen zu füllen. Dies wird automatisch dazu führen, dass Binge Eating, selbst dann es noch stattfindet, weniger Raum einnimmt. Mannigfaltige Interessen und Tätigkeiten verändern zudem die Sicht auf sich selbst, sodass sich weniger über Äußerlichkeiten definiert wird. Je unwichtiger die Themen Essen und Körper werden, desto weniger drastisch fallen auch die mit ihnen Verbundenen Gedanken, Gefühle und Mittel aus.

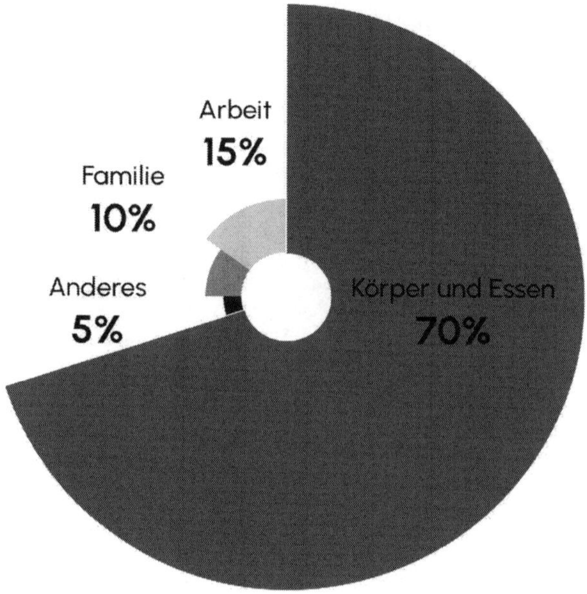

Beispielhaftes Kreisdiagramm

Zu Beginn dieses Schrittes, soll ein Kreisdiagramm gemalt werden, das die Themen des Alltags repräsentiert. Die Gestaltung richtet sich dabei nach den individuellen Bedürfnissen und darf gerne von dem folgenden Beispiel abweichen. Bei jedem Betroffenen nimmt Binge Eating einen anderen Raum ein. Das Kreisdiagramm hilft dabei, sich dieses Raumes bewusster zu werden und ihn aktiv zu gestalten. So ist es eine Aufgaben für die nächsten Tage und Wochen Themen, Menschen und Tätigkeiten kennenzulernen, die gut tun und ihnen einen Platz im Kreisdiagramm zu geben.

Es kann hilfreich sein, eine Hobby- und Themenliste zu erstellen. Hierzu wird ein 10-Minuten-Timer gestellt und dann werden alle Begriffe aufgeschrieben, die in den Sinn kommen, ohne dass eine Bewertung erfolgt.

Eine solche Liste könnte dann z.B. wie folgt aussehen:

- Haustiere
- Sammeln
- Kartenspiele
- Astronomie
- Malen
- Theater
- Billiard
- Dart
- Angeln
- Krimis
- Soziologie
- Camping
- Ehrenamt
- Fotografie
- Gärtnerei/Botanik
- Geocaching
- Kalligraphie
- Lesen
- Schwertkampf
- Schach
- Nähen, Stricken, Häkeln
- Rätseln

- Songwriting
- Poker
- Töpfern
- Escape Rooms
- Instrumente
- Sprachen
- Puzzeln
- Informatik
- Wirtschaft
- Philosophie
- Modellbau
- Möbelbau
- Videospiele
- Schreiben
- Tennis
- Tanzen
- Klettern
- Boxen
- Fechten
- Geschichte
- Rhetorikkurs

Es lässt sich auch die Mind-Map-Technik aus Schritt 3 in Kombination mit der Listen-Technik aus Schritt 4 anwenden, um zu einer gelungenen Auswahl zu gelangen. Statt Problemen werden nun Hobbys und Themen mit ihrer Konsequenz verbunden, dann auf einer Skala von 1-10 bewertet und anschließend Stück für Stück in den Alltag integriert.

Es ist wichtig, diese Aufgabe ernst zu nehmen und sich darum zu bemühen, etwas zu finden, das wirklich erfüllt und Freude schenkt. Insbesondere Tätigkeiten, bei denen selbst etwas getan oder geschaffen wird, helfen dabei stabilen Selbstwert aufzubauen. Auch hier mag es eine Weile dauern, bis das Richtige gefunden wird, doch über kurz oder lang schafft es jeder, Binge Eating Stück für Stück durch schönere Dinge zu ersetzen, die Kraft und Freude schenken.

Häufige Einwände/Fragen:

Ich bin mit meinen jetzigen Hobbys zufrieden.

Je erfüllter der Alltag bereits ist, desto besser, denn umso unwahrscheinlicher wird die negative Beschäftigung mit Essen und Körper. Trotzdem kann es immer Sinn machen, sich neuen Dingen zu öffnen und andere Impulse zu setzen. Es lässt sich nie ausschließen, dass eine Beschäftigung gefunden wird, die Binge Eating noch weiter reduziert.

Ich habe keine Zeit/Energie für neue Hobbys.

Neue Hobbys und Interessen müssen nicht immer viel Zeit oder Kraft kosten. Bereits fünf Minuten am Tag können einen Unterschied machen. Im Verlauf der nächsten Wochen und Monate wird zudem mehr Raum für die schönen Dinge des Lebens zur Verfügung stehen, da immer weniger Kraft und Energie in Probleme mit Binge Eating fließt.

Abschluss

Genau wie bei regulärer Therapie hängt auch der Abschluss des Umsetzungsprogramms vom Zustand der betroffenen Person ab. Das Programm ist, anders als Diäten, nicht auf die kurzfristige Anwendung ausgelegt. Das, was wir als Schritt-für-Schritt-Plan kennengelernt haben, ist im eigentlichen Sinne eine Lebensweise. Sie wurde als Gegenstück zur Binge-Eating-Lebensweise entwickelt und hilft Betroffenen dabei, ein erfülltes Leben zurückzugewinnen und aufrechtzuerhalten. Rückfälle wird es noch immer geben, doch sie werden kein Gefühl der Hilflosigkeit mehr hinterlassen, da genügen Lösungen zur Verfügung stehen. Mit jedem weiteren überwundenen Rückschlag wächst die Gewissheit, dass eine Besserung der Situation möglich ist und dass man als Betroffener der Problematik nicht ausgeliefert ist, sondern sie selbst in der Hand hat.

Spickzettel für Rückfälle

Damit es nicht zu einem Rückfall kommt

Wenn ein Rückfall unmittelbar bevorsteht, werden Körper und Geist mit allerlei Gedanken und Gefühlen geflutet, die von Selbsthass über Schuld bis hin zu Panik reichen. Der einfachste Weg diesen Zustand zu verlassen, ist es dem Drang nachzugeben und zum Essen zu greifen. Damit das nicht passiert, muss jetzt sofort etwas anderes unternommen werden.

Zur Auswahl stehen:

- Eine Freundin oder einen Freund anrufen.
- Aus dem Haus gehen und zum nächstgelegenen Park, Wald, oder einem vergleichbaren Berührungspunkt mit der Natur rennen/ joggen/ spazieren.
- Ein Fortbewegungsmittel (Fahrrad/ Straßenbahn/ Auto/...) nutzen und auf der Stelle, ohne weite Vorbereitung, zu

einem kurzen Ausflug ohne genaues Ziel aufbrechen. Dabei dürfen Musik, Hörbücher oder Podcasts gehört werden (solange sie nichts mit den Themen Körper, Gesundheit oder Ernährung zu tun haben).

- Ein spannendes Buch lesen.
- Musizieren / Tanzen / Singen / Malen / Schreiben.

Die Entscheidung sollte schnell getroffen und auch dann umgesetzt werden, wenn keine große Lust an den Aktivitäten da ist oder sich diese sinnlos anfühlen. Auch ist es vollkommen egal, wie gut oder schlecht sie zum momentanen Zustand zu passen scheinen, Hauptsache sie werden begonnen. Es muss kein klares Ende festgelegt werden, bereits 15-20 Minuten reichen meist aus, um der Essattacke den Wind aus den Segeln zu nehmen.

Gerade, wenn es in diesem Moment zweifelhaft oder unrealistisch wirkt, dass die Essattacke so gestoppt werden kann, muss es unbedingt ausprobiert werden um sich vom Gegenteil zu überzeugen. Es kann Teil von Binge Eating sein, dass die eigene Fähigkeit sich anders zu entscheiden klein geredet wird. Dass Gedanken aufkommen wie: *„Das bringt doch eh nichts!"*, *„Ich kann das nicht, ich bin dafür nicht stark genug!"*, *„Selbst wenn es einmal klappt, am Ende macht es keinen Unterschied und es wird sich eh nie ändern."* gehört zu vielen Essattacken dazu. Diese Botschaften haben nichts mit der Realität zu tun. Auch wenn sie für den Moment wahr wirken, haben sie sich bei unzähligen Betroffenen, die genau das dachten, immer wieder als falsch erwiesen.

Selbstabwertung zu nutzen um sich so indirekt das Binge Eating zu erlauben („*Weil man es ja eh nicht schafft.*") ist der einfachste Weg aus der Situation heraus, aber auch der fatalste. Egal wie oft es schon Rückschläge gab, dieser Moment hier ist völlig neu und es stehen alle Möglichkeiten offen. Es ist an der Zeit sie zu ergreifen, eine der obigen fünf Tätigkeiten auszuwählen und ihr jetzt sofort nachzugehen.

Wenn es zu einem Rückfall gekommen ist

Dass es zu einem Rückfall gekommen ist, hat nichts mit persönlicher Schwäche zu tun und sagt nichts darüber aus, ob Binge Eating in Zukunft überwunden werden kann oder nicht. Es war einer von vielen Momenten, in denen sich alte Muster bemerkbar gemacht haben, weil ihnen langsam aber sicher die Macht entzogen wird.

Für die Überwindung von Binge Eating ist es nötig Gewohnheiten zu durchbrechen. Es geht darum erlernte Muster wieder zu verlernen. Das fühlt sich oft falsch an. So ist z.B. für viele merkwürdig, wieder ganz normal zu Essen und regelmäßige Mahlzeiten zu sich zu nehmen. Das liegt aber nicht daran, dass es wirklich falsch wäre. Meistens ist es nur ein Nebeneffekt der Umgewöhnung. Unsere Psyche geht davon aus, dass das was wir schon lange getan und gedacht haben, richtig ist. Dies hat einen evolutionären Hintergrund: Wer noch lebt, hat in den Augen der natürlichen Selektion das meiste richtig gemacht. Deshalb wird nach dem Motto „*Never change a running system!*" verfahren wie bisher.

Es gibt also keinen Grund zur Sorge, wenn sich Zweifel auftun. Im Gegenteil können diese Zweifel als Hinweis darauf verstanden werden, dass es sich lohnt mit dem Umsetzungsprogramm weiterzumachen.

Ein Teil von Essstörungen ist die Einteilung in Schwarz und Weiß, in richtig und falsch, in Gewinnen oder Scheitern. Doch in diesem Fall gibt es keine Fehlschläge, sondern nur Versuche. Während Tests zu einem einzigen Zeitpunkt stattfinden und nur die zwei Ausgänge „bestanden" und „gescheitert" haben, besteht der Alltag aus einer nahezu unendlichen Vielfalt an Momenten mit noch mehr Ausgangsmöglichkeiten. Und mit jedem Mal, nachdem trotz Rückschlag ein neuer Versuch gestartet wird, erhöht sich die Wahrscheinlichkeit Binge Eating langfristig hinter sich zu lassen.

Wenn uns etwas so sehr belastet, wie Binge Eating, dann wollen wir schnelle Resultate. Und falls sich diese nicht überdeutlich zeigen, gehen wir oft davon aus, wir hätten versagt oder unser Plan würde nicht funktionieren. Doch jeder Wandel von Gewohnheit benötigt viel Zeit. Geduld und Vertrauen in den Prozess ist deshalb unbedingt nötig. Es gibt mehr als nur einen Versuch. Emotional mag jeder weitere Versuch entmutigen, und es kann sich so anfühlen, als würde das Ziel ferner rücken. Realistisch betrachtet ist aber das genaue Gegenteil der Fall. Die Frage ist nicht Scheitern oder nicht scheitern, sondern nur, ob man lange genug am Ball bleibt um zum unweigerlich stattfindenden Erfolg zu gelangen.

In diesem Sinne sollte jetzt überprüft werden, ob den Umsetzungsschritten gefolgt wurde (insbesondere ob vor dem Rückfall genügend sättigende Mahlzeiten im Sinne der stabilisierenden Ernährungsweise zu sich genommen wurden). Ist dies der Fall, kann guten Gewissens weiter verfahren werden wie bisher. Falls nicht, gibt es nun einen guten Grund mehr, das Umsetzungsprogramm auszuprobieren.

Spickzettel für Motivation

Jede Veränderung bringt eine Reihe von Herausforderungen mit sich. Um diesen angemessen begegnen zu können, hilft es zu wissen wofür man kämpft. Die folgenden Übungen unterstützen dabei und sollten schriftlich durchgeführt werden. Sie können sowohl in Form von Stichpunkten, als auch mithilfe von Fließtexten oder Mind-Maps bearbeitet werden.

Am Beginn steht die Beantwortung der folgenden Fragen:

„Was passiert, wenn ich weitermache wie bisher?"

- *„Wie lange habe ich schon Essattacken?"*
- *„Wie viel Zeit habe ich schon mit den Themen Essen und Körper verbracht?"*
- *„Welche Kompromisse muss ich bei anderen Teilen meines Lebens wegen Binge Eating eingehen?"*

„Was passiert, wenn ich es schaffe Binge Eating hinter mir zu lassen?"

- *„Werde ich mich mit mir selbst besser fühlen?"*
- *„Werde ich meine Lebensqualität verbessern?"*
- *„Wird meine Gesundheit sich verbessern?"*
- *„Werden andere davon profitieren?"*

In unserer komplexen Psyche hängt alles miteinander zusammen und so hat Binge Eating einen Einfluss auf alle Teile des Lebens. Als Betroffener wird die eigene Identität von dem Problem überlagert. Je mehr das Problem abgebaut wird, desto sichtbarer wird, wer man wirklich ist. Die folgende Aufgabe hilft dabei, wieder einen Zugang zu sich selbst zu finden.

Übung zur Selbstfindung

1. Papier und Stift bereithalten.
2. Ein Notizblatt horizontal auf der Hälfte falten.
3. Einen Timer auf zehn Minuten stellen.
4. Auf der linken Seite des Blattes mit Stichpunkten sammeln, wo sich Binge Eating bemerkbar macht. (Beispiel: *„Ich habe Angst davor nach Hause zu kommen, weil ich weiß, dass ich dann wieder eine Essattacke haben werde."*)
5. Erneut einen 10-Minuten-Timer stellen und die eben geschriebenen Aussagen umdrehen und auf die rechte Seite schreiben. (Beispiel: *„Ich freue mich nach Hause zu kommen, weil ich weiß, dass ich keine Essattacke haben werde."*).

6. Bei einigen Aussagen ist es möglich sie 1:1 umzudrehen, andere benötigen etwas mehr Fingerspitzengefühl. Z.B. könnte: *„Ich schäme mich, wenn andere meinen Körper sehen."* zu: *„Ich schäme mich nicht mehr, wenn andere meinen Körper sehen."* werden. Zugleich ist es auch möglich die Aussage in: *„Ich habe kein Problem damit, wenn andere meinen Körper sehen."* oder:*„Mir ist es egal, wenn andere meinen Körper sehen."* umzuwandeln. Es sollte immer die Variante gewählt werden, die sich am natürlichsten anfühlt.
7. Einen 10-Minuten-Timer stellen und die positiven Stichworte in einen Text zusammenfassen, der sich sinnvoll und kraftgebend anfühlt.

Der fertige Text könnte dann z.B. so aussehen:

Wenn ich Binge Eating hinter mir lasse, kann ich endlich wieder satt werden, ohne mich schlecht zu fühlen. Ich muss mich nie wieder übergeben oder vor mir selbst im Spiegel verstecken. Ich habe endlich mehr Zeit für meine Familie und kann mich mit Freunden verabreden, ohne dabei an die Essensversorgung zu denken. In meiner Beziehung werde ich mich endlich wieder fallen lassen können, ohne Scham dafür zu empfinden wie ich bin. Ich werde mich ausgelassener und stabiler fühlen und mich entspannt zurücklehnen können, sobald ich nach der Arbeit nach Hause komme. Ich darf mich selbst dafür lieben, dass ich mit meinem Körper von Tag zu Tag zufriedener werde. Ich werde mehr Zeit für mich und die wichtigen Dinge im Leben haben.

Es bietet sich an den fertigen Text auf einen Zettel oder eine Karteikarte zu übertragen und mit sich zu führen. Wann immer Zweifel aufkommen oder zu alten Gewohnheiten gegriffen wird, lässt er sich dann als Stütze einsetzen.

Spickzettel für Hilfe

Niemand sollte mit seinen Problemen alleine sein. Und doch haben viele von uns nicht gelernt (oder auch verlernt) sich Hilfe zu suchen. Gerade bei einem Thema, das wie Binge Eating mit Scham behaftet ist, scheint es nur schwer möglich, sich anderen anzuvertrauen. Die meisten Betroffenen, die sich guten Freunden oder der eigenen Familie anvertrauen, merken in vielen Fällen, dass diese verständnisvoller mit der Problematik umgehen, als zunächst erwartet. Insbesondere wer davon ausgeht auf taube Ohren oder Ablehnung zu stoßen sollte es darauf anlegen und diese Annahme testen.

Die wenigsten Menschen würden wollen, dass eine ihnen nahe Person über viele Wochen und Monate im Stillen leidet ohne ihnen auch nur die Chance zu geben, sie zu unterstützen. Deshalb ist es sogar aus Sicht der Personen, denen sich anvertraut wird, sehr wünschenswert, die eigenen Probleme zu offenbaren und sich Hilfe zu suchen.

Dabei könnten z.B. Sätze wie die Folgenden eine Rolle spielen:

- *„Ich möchte mit dir über etwas sprechen, was mich seit längerer Zeit belastet. Es fällt mir schwer..."*
- *„Ich habe ein Problem damit meine Gefühle zu regulieren, was zu Essattacken führt."*
- *„Ich brauche Hilfe. Ich denke, dass ich ein gestörtes Verhältnis zu Essen entwickelt habe."*
- *„Du könntest mich dabei unterstützen, mein aktuelles Problem zu bewältigen, indem du..."*
- *„Wie du vielleicht bemerkt hast, habe ich mich in letzter Zeit etwas abgekapselt. Das liegt daran, dass..."*
- *„Es würde mir sehr helfen, wenn wir uns regelmäßig zusammensetzen könnten, um meine Fortschritte in Bezug auf Binge Eating zu besprechen."*
- *„Alleine fühle ich mich meiner Essproblematik nicht gewachsen. Es würde mir helfen, wenn wir gemeinsam einkaufen gehen könnten."*
- *„Möchtest du mit mir gemeinsam kochen, damit ich einen Einblick in eine normale Ernährungsweise bekomme?"*
- *„Es würde mir sehr helfen, wenn wir des Öfteren abends telefonieren würden, weil ich um diese Uhrzeit meistens sehr aufgewühlt bin und es dann schnell zu einer Essattacke kommt."*

Nicht jeder schafft es, sich vom eigenen Umfeld helfen zu lassen oder hat ein Umfeld, das ihn angemessen unterstützen kann.

Zum Glück stehen genau zu diesem Zweck zahlreiche Hilfsangebote zur Verfügung, die sich speziell an Betroffene von Essstörungen richten.

Selbsthilfegruppen

Wer in einer größeren Stadt wohnt, hat es oft besonders leicht und findet im Internet Selbsthilfegruppen in denen Gleichgesinnte zusammen an ihren Problemen arbeiten.

Leider gibt es kein geeignetes Verzeichnis für Selbsthilfegruppen, das sich auf den gesamten deutschsprachigen Raum bezieht. Jedoch stellen die meisten Städte und Gemeinden sehr gute lokale Verzeichnisse zur Verfügung. In Ortschaften, wo dies nicht der Fall ist, kann auf die Verzeichnisse auf Bundesländerebene zurückgegriffen werden.

Weitere Informationen gibt es über Internetsuchen wie: *„Selbsthilfegruppe Essstörungen Berlin"* oder *„Landesfachstelle Esstörungen NRW"*

Beratungsstellen

Wer keine Selbsthilfegruppen in der Nähe aufsuchen kann oder möchte, darf sich über Beratungsstellen Unterstützung suchen. Die Beratung findet in der Regel digital oder telefonisch statt. Auch, wenn letztere Option oft unterschätzt wird, hilft es bereits enorm, regelmäßig mit jemanden zu reden oder zu schreiben, der einen versteht und für einen da ist, wenn es zu einem Rückfall kommt.

Weitere Informationen gibt es z.B. über: https://www.bundesfachverbandessstoerungen.de

Direkte Hilfe sowie eine Erstberatung durch die Bundeszentrale für gesundheitliche Aufklärung (BZgA) erfolgt kompetent und kostenlos über die Nummer: 0221 892031 (Telefonzeiten: Mo-Do: 10-22 Uhr / Fr-So: 10-18 Uhr)

Psychotherapie

Nachhaltige und umfassende Hilfe wird vor allem durch therapeutische Unterstützung gewährleistet. Umso ärgerlicher ist es, dass durch die Knappheit an Kassensitzen und Therapieplätzen mit sehr langen Wartezeiten zu rechnen ist. Das sollte jedoch niemanden davon abhalten, sich um Therapie zu bemühen. Je früher damit angefangen wird und je mehr Therapeuten kontaktiert werden, desto größer ist die Chance auf baldige professionelle Unterstützung. Auch hier gilt: Die eigenen Probleme sind nie zu klein oder unwesentlich um sich helfen zu lassen. Jeder, der unter einer Essproblematik leidet, verdient es, dass sich seine Situation verbessert und ein freies und glückliches Leben wieder möglich wird.

Weitere Informationen gibt es z.B. über die hervorragende Psychotherapeutensuche der DPtV (Deutsche Psychotherapeuten Vereinigung): https://www.deutschepsychotherapeutenvereinigung.de/nc/patienten/psychotherapeutensuche

Klinische Behandlung

Auch Klinikbesuche sollen an dieser Stelle nicht unerwähnt bleiben. Insbesondere wer eine schwere Phase durchlebt findet in einem klinischen Setting Zeit und Raum, sich zu stabilisieren und Kraft zu tanken. Psychiatrische Kliniken sind in der heutigen Zeit keine „Klapsmühlen" oder „Irrenhäuser", sondern ganz normale Krankenhäuser, sodass Vorbehalte unbegründet sind. Zudem gibt es einige Kliniken, die sich auf Essstörungen spezialisiert haben.

Weitere Informationen gibt es z.B. über: https://www.bundesfachverbandessstoerungen.de und https://www.weisse-liste.de

Nachwort

Sich den eigenen Problemen zu stellen ist nie einfach. Besonders dann nicht, wenn sie mit so viel Scham und Druck verbunden sind wie Binge Eating. Umso stolzer kann jeder Leser sein, der es bis zu dieser Stelle geschafft hat. Auch, wer noch einen weiten Weg vor und viele Rückschläge hinter sich hat, wird es am Ende schaffen, sich des lästigen Verhaltens und seiner negativen Folgen zu entledigen. Einzige Voraussetzung hierfür ist der Wille sich als aktiver Gestalter des eigenen Lebens zu sehen und dadurch dem negativen Selbstbild sowie der Hilf- und Hoffnungslosigkeit zu entwachsen, die mit Binge Eating einhergehen.

Niemand hat sich ausgesucht, unter Essattacken, Körperunsicherheit und Selbstzweifeln zu leiden, doch jeder kann sich täglich aufs Neue dazu entscheiden, dem ein Ende zu setzen und sich selbst wieder mit Respekt und Liebe zu behandeln. Egal wie viele Anläufe es braucht und wie aussichtslos die Lage scheint, jeder neue Versuch ist ein Schritt Richtung Ziel. Und das Leben ohne Binge Eating ist ein Ziel für dass es sich zu kämpfen lohnt.

Tausende von Menschen fühlen sich während der Überwindung von Binge Eating machtlos und erschöpft, aber schaffen es am Ende dennoch aus den Fängen der eigenen Tabus hinaus in eine Welt, die sich um mehr dreht als Essen und Aussehen. Es ist an der Zeit, die Psyche wieder auf die eigene Seite zurückzuholen und sie den sie umschließenden Körper wieder lieben zu lassen.

Glossar

Adipositas - krankhaftes Übergewicht

Affekt - kurze, intensive Gefühlsregung

Anorexie (Anorexia Nervosa) - Fachbegriff für „Magersucht"

Armchair Psychology - veraltetes Psychologie-Verständnis (Im Sessel sitzen und philosophieren wie der Mensch wohl sein könnte, statt wissenschaftliche Methoden anzuwenden)

Assimilationseffekt - Identifikation mit anderen

Assoziation - Gedankenverknüpfung (Verbindung von zwei Gedankeninhalten)

Assoziationsspaltung - Verfahren zur Auflösung schädlicher Gedankenverknüpfungen

Attribution - Zuschreibung von Eigenschaften und Fähigkeiten

atypischen Essstörungen - Varianten von Bulimie, Anorexie und Binge-Eating-Störung, bei denen nicht alle Diagnosekriterien erfüllt sind, die aber dennoch Krankheitswert besitzen und entsprechender Behandlung bedürfen

Aufrechterhaltungs-Diät - Ernährungsweise, die dem Ziel dient weder zuzunehmen, noch abzunehmen

aufwärtsgerichtete Vergleiche - Vergleiche mit erfolgreichen und ungewöhnlich attraktiven Menschen

Aversion - Reize, die zu einer Vermeidungsreaktion führen

behavioral - auf Verhalten beruhend

Behavioristen - Klassische Verhaltensforscher

Binge Eating - Essattacken

Binge-Eating-Störung - regelmäßige Essanfälle, während denen die Kontrolle entgleitet und vornehmlich hochkalorische Lebensmittel in großen Mengen und in kurzer Zeit konsumiert werden

Black Box - Metapher der Psyche als undurchsichtiger Kasten, über dessen Inhalt sich nichts sicher sagen lässt

BMI - Index, der das Körpergewicht in Relation zur Körpergröße setzt. Der daraus entstehende Wert wird mit den Werten der Gesamtbevölkerung verglichen, sodass eine Aussage darüber getroffen werden kann, inwiefern das Gewicht vom Durchschnitt abweicht.

Bulimie - Betroffenheit von Essattacken, bei der regelmäßig extreme Gegenmaßnahmen erfolgen

Body Avoidance - Verhalten das dazu dienen soll den eigenen Körper zu ignorieren

Bodychecking - kritische Überprüfung vermeintlicher Problemzonen

beobachtendes Selbst - Wechsel in die mentale Vogelperspektive

Bestätigungsfehler (Confirmation Bias) - Suche nach Information, welche die eigene Erwartung bestätigt

Bulimischer Typus (der Anorexie) - Anorexie in deren Rahmen die normale Nahrungsaufnahme als Essattacke wahrgenommen wird

Cholecystokinin - Darmhormon, das durch seine Ausschüttung die Nahrungsaufnahme reduziert

Coping - Umgang mit Stressoren

Cortisol - wichtigstes Stresshormon

Craving - starkes inneres Verlangen nach einer Substanzwirkung oder Handlung

Diagnostischer und statistischer Leitfaden psychischer Störungen (DSM 5) - offizielles Verzeichnis durch das psychische Störungen international definiert werden

Dichotomes Denken - Fachterminus für „Alles-oder-Nichts" bzw. „Schwarz-Weiß"-Denken

Diuretika - Entwässerungsmittel

Elektrolyte - Mineralstoffe, die den Wasserhaushalt stabilisieren und das Verhältnis von Säuren und Basen regulieren

empirisch - auf Erfahrung beruhend

Emotionales Essen - Essen zur Emotionsregualtion (z.B. „Frustessen" und „Stressessen")

Escape Theory - die Flucht vor negativen Emotionen durch Essattacken

Fähigkeit zur Selbstbeschäftigung - individuelles Schaffen, bei dem es nicht um die Anerkennung durch andere geht

Gezügeltes Essverhalten - bewusste Einschränkung der Nahrungsaufnahme um das Körpergewicht zu regulieren

Ghrelin - bedeutendes Hungerhormon

Ikigai - japanische Sinnfindungstechnik

Insulin - bedeutendes Hormon für die Fettspeicherung

Internalisierung - Aufnahme (kultureller) Werte und Normen in das eigene Selbstbild

Internationalen Klassifikation der Krankheiten (ICD 10) - offizielles internationales Verzeichnis zur Diagnose psychologischer bzw. medizinischer Störungsbilder

interpersonell - zwischen mehreren Personen

interpersonelle Therapie - Therapieform, bei der das soziale Umfeld in den Prozess der Heilung mit einbezogen wird

intrapersonell - innerhalb ein und derselben Person

Kognitionen - Denkinhalte wie Überzeugungen, Bildern, Ideen und Einstellungen

kognitives Aufmerksamkeitssyndrom - Grübeln, Sorgen, Aufmerksamkeitsfixierung und negative Bewältigung

kognitives Modell - Grundlagen der Kognitionstherapie

kognitive Umstrukturierung - Technik zur Veränderung negativer Gedanken

kognitive Verzerrung - verzerrte Wahrnehmung, die keine Korrektur einer bereits bestehenden, falschen Überzeugung zulässt

Konditionierung - Prozess durch den Ereignisse die oft gemeinsam auftreten auch getrennt voneinander ähnliche Reaktionen auslösen

Konditionierungseffekt - die Reaktion auf einen Reiz, die sich durch häufiges gemeinsames Auftreten mit einem anderen Reiz gebildet hat

Kontrasteffekt - tritt dann ein, wenn die betroffene Person nur wenig Ähnlichkeiten zwischen sich und einer Vergleichsperson erkennen kann

körperdysmorphe Störung - Betroffene fühlen sich in ihrer Haut nicht wohl oder gar entstellt

Laxativa - Abführmittel

Leptin - bedeutendes Sättigungshormon.

Logik nach Hegel - einer ursprünglichen Aussage (These) wird eine Gegenaussage (Antithese) entgegengestellt. Anschließend werden beide verbunden (Synthese) wodurch ein Kompromiss entsteht.

Meta-Studie - wissenschaftliche Zusammenfassung der Daten anderer Studien

Metakognition - Strategie, die verwendet wird, um Aufmerksamkeit zu lenken und in Gedanken durch die Welt zu navigieren

metakognitive Umstrukturierung - Technik zur Veränderung schädlicher Metakognitionen

multifaktorielle Ursachen - Ursachen aus mehr als einer Quelle

Nächtliches Essen - Essanfälle, die ausschließlich vor dem Schlafengehen oder bei Schlafunterbrechungen stattfinden

Nährstoffdichte - gibt an, wie viele Nährstoffe sich in den zu sich genommenen Kalorien befinden.

Neuronen - Nervenzellen

Neuropeptid Y - Botenstoff, der den Appetit stimuliert

Neurotizismus - persönlichkeitsbedingte Schwankungen der Gefühlswelt

Neurotransmitter - Botenstoff, der für die Kommunikation innerhalb des Körpers verantwortlich ist

objektive Essattacke - Essattacke, bei der deutlich mehr Kalorien aufgenommen werden, als bei einer normalen Mahlzeit

Paradigma - wissenschaftliche Herangehensweise/ Denkströmung

Paradigmenwechsel - Veränderung des wissenschaftlichen Konsens

Peptid YY - Hormon, das sich im Darm antreffen lässt und durch seine Ausschüttung die Nahrungsaufnahme reduziert

psychologische Interventionen - systematische Programmplanung um einen belastenden Zustand zu verändern

Prädiktor - dient der Vorhersage und Prüfung eines Sachverhalts

Restriktiver Typus (der Anorexie) - bei dem keine Essattacken auftreten und einen

Progressive Muskelentspannung (PMR) - Muskeln für einige Sekunden anspannen und anschließend wieder entspannen

Risikofaktorenmodell - Modell, das der Bewältigung von Problemen dient, indem dessen Ursachen systematisch erfasst werden

Schemata - automatisierte Einstellungen und Annahmen

Selbstkonzept - vereint das aktuelle Selbstbild mit dem persönlichen Ideal, indem es beide in Relation zueinander setzt

Selbstwirksamkeit - Überzeugung selbst etwas verändern zu können

Self-Monitoring - die Aufzeichnung des eigenen Verhaltens

SMART - Zielsetzung die spezifische, messbare, aktivierende, realistische und terminiert Ziele befürwortet

sokratische Fragetechnik / sokratischer Dialog - Technik zur Infragestellung festgefahrener Denkmuster

Spaced Repetition - wirksame Lerntechnik, die auf Wiederholungen setzt, die über einen großen Zeitraum verteilt werden

Stimmung - langwierige, weniger intensive Empfindung, welche die Wahrnehmung prägt

Stressor - Stress auslösender Reiz

subjektive Essattacke - normale Mahlzeit, die aber als Essattacke wahrgenommen wird

TOTE (Test Operate Test Exit) - Modell zur schrittweisen Annäherung des Verhaltens an ein bestimmtes Zielverhalten

Verhaltenskontrollüberzeugung - Überzeugung darüber, wie sehr sich das eigene Verhalten kontrollieren lässt

Verhaltensmodell - *Grundlagen der Verhaltenstherapie*

Verstärkungslernen - Ereignisse die oft gemeinsam auftreten lösen auch getrennt voneinander ähnliche Reaktionen aus

Weight Checking - regelmäßige Überprüfung des eigenen Gewichts anhand objektiver Daten

Literaturverzeichnis

Adam, T. C., & Epel, E. S. (2007). Stress, eating and the reward system. *Physiology & behavior*, *91*(4), 449-458.

Alang, N., & Kelly, C. R. (2015, January). Weight gain after fecal microbiota transplantation. In *Open forum infectious diseases* (Vol. 2, No. 1). Oxford University Press.

Alexander, J. K. (2001). Obesity and coronary heart disease. *The American journal of the medical sciences*, *321*(4), 215-224.

Allan, S., & Gilbert, P. (1997). Submissive behaviour and psychopathology. *British Journal of Clinical Psychology*, *36*(4), 467-488.

American Psychiatric Association. (2013). *DSM-5®*. American Psychiatric Pub.

Araujo, D. M. R., Santos, G. F. D. S., & Nardi, A. E. (2010). Binge eating disorder and depression: a systematic review. *The world journal of biological psychiatry*, *11*(2-2), 199-207.

Balady, G. J. (2002). Survival of the fittest—more evidence.

Beck, J. S., Liese, B. S., & Najavits, L. M. (2005). Cognitive therapy.

Bemporad, J. R. (1996). Self-starvation through the ages: Reflections on the pre-history of anorexia nervosa. *International Journal of Eating Disorders*, *19*(3), 217-237.

Birmingham, C. L., Su, J., Hlynsky, J. A., Goldner, E. M., & Gao, M. (2005). The mortality rate from anorexia nervosa. *International journal of eating disorders*, *38*(2), 143-146.

Blackburn, S., Johnston, L., Blampied, N., Popp, D., & Kallen, R. (2006). An application of escape theory to binge eating. *European Eating Disorders Review: The Professional Journal of the Eating Disorders Association*, *14*(1), 23-31.

Bostock, S., & Steptoe, A. (2013). Influences of early shift work on the diurnal cortisol rhythm, mood and sleep: within-subject variation in male airline pilots. *Psychoneuroendocrinology*, *38*(4), 533-541.

Carter, J. C., & Fairburn, C. G. (1998). Cognitive–behavioral self-help for binge eating disorder: A controlled effectiveness study. *Journal of Consulting and Clinical Psychology*, *66*(4), 616.

Cattell, R. B., & Scheier, I. H. (1961). The meaning and measurement of neuroticism and anxiety.

Clark, G. I., & Egan, S. J. (2015). The Socratic method in cognitive behavioural therapy: a narrative review. *Cognitive Therapy and Research, 39*(6), 863-879.

Cobb-Clark, D. A., & Schurer, S. (2012). The stability of big-five personality traits. *Economics Letters, 115*(1), 11-15.

Cohen, J. C. (1990). Family process in eating disorders: A test of Minuchin's Psychosomatic Family Model (Doctoral dissertation, Fordham University).

Dahlgren, C. L., Wisting, L., & Rø, Ø. (2017). Feeding and eating disorders in the DSM-5 era: a systematic review of prevalence rates in non-clinical male and female samples. *Journal of eating disorders, 5*(1), 1-10.

Di Angelantonio, E., Bhupathiraju, S. N., Wormser, D., Gao, P., Kaptoge, S., De Gonzalez, A. B., ... & Hu, F. B. (2016). Body-mass index and all-cause mortality: individual-participant-data meta-analysis of 239 prospective studies in four continents. *The Lancet, 388*(10046), 776-786.

Dingemans, A. E., Bruna, M. J., & Van Furth, E. F. (2002). Binge eating disorder: a review. *International journal of obesity, 26*(3), 299-307.

Dozois, D. J., & Beck, A. T. (2011). Cognitive therapy.

Echeverri-Alvarado, B., Pickett, S., & Gildner, D. (2020). A model of post-traumatic stress symptoms on binge eating through emotion regulation difficulties and emotional eating. *Appetite, 150*, 104659.

Eggert, J., Levendosky, A., & Klump, K. (2007). Relationships among attachment styles, personality characteristics, and disordered eating. *International journal of eating disorders, 40*(2), 149-155.

Ellis, A., & MacLaren, C. (2014). Rational-Emotive Verhaltenstherapie (Vol. 9). Junfermann Verlag GmbH.

Engeland, A., Bjørge, T., Tverdal, A., & Søgaard, A. J. (2004). Obesity in adolescence and adulthood and the risk of adult mortality. *Epidemiology*, 79-85.

Fairburn, C. G., Wilson, G. T., & Schleimer, K. (1993). *Binge eating: Nature, assessment, and treatment* (pp. 317-360). New York: Guilford Press.

Fairburn, C. G. (2013). Overcoming binge eating: The proven program to learn why you binge and how you can stop. Guilford press.

Fichter, M. M., Quadflieg, N., & Gnutzmann, A. (1998). Binge eating disorder: treatment outcome over a 6-year course. *Journal of Psychosomatic Research, 44*(3-4), 385-405.

Fontenelle, L. F., Mendlowicz, M. V., De Menezes, G. B., Appolinário, J. C., Marques, C., Coutinho, W., ... & Versiani, M. (2002). COMPARISON OF SYMPTOM PROFILES OF OBESE BINGE EATERS, OBESE NON–BINGE EATERS, AND PATIENTS WITH OBSESSIVE-COMPULSIVE DISORDER. *The Journal of nervous and mental disease*, *190*(9), 643-646.

Forsyth, J. P. (1989). Attribution and Eating Disorders: An Investigation of the Attribution Styles of College Women.

Freeman, A., Smukler, G., Dare, C., & Threausre, J. (1995). *Cognitive therapy* (pp. 309-332). New York: Guilford Press.

Gold, D. B., & Wegner, D. M. (1995). Origins of ruminative thought: Trauma, incompleteness, nondisclosure, and suppression. *Journal of Applied Social Psychology*, *25*(14), 1245-1261.

Goldfried, M. R. (2003). Cognitive–behavior therapy: Reflections on the evolution of a therapeutic orientation. *Cognitive Therapy and Research*, *27*(1), 53-69.

Gößwald, A., Schienkiewitz, A., Nowossadeck, E., & Busch, M. A. (2013). Prevalence of myocardial infarction and coronary heart disease in adults aged 40–79 years in Germany. Results of the German health interview and examination survey for adults (DEGS1) Antje Goesswald. *European Journal of Public Health*, *23*(suppl_1).

Graham, G. (2000). Behaviorism.

Graubner, B. (Ed.). (2013). ICD-10-GM 2014 Systematisches Verzeichnis: Internationale statistische Klassifikation der Krankheiten und verwandter Gesundheitsprobleme 11. Revision-German Modification Version 2014. Deutscher Ärzteverlag.

Groessl, F., Munsch, T., Meis, S., Griessner, J., Kaczanowska, J., Pliota, P., ... & Haubensak, W. (2018). Dorsal tegmental dopamine neurons gate associative learning of fear. *Nature neuroscience*, *21*(7), 952-962.

Grossman, P., Niemann, L., Schmidt, S., & Walach, H. (2004). Mindfulness-based stress reduction and health benefits: A meta-analysis. *Journal of psychosomatic research*, *57*(1), 35-43.

Hayes, S. C., Strosahl, K. D., & Wilson, K. G. (2009). *Acceptance and commitment therapy*. Washington, DC: American Psychological Association.

Heatherton, T. F., & Baumeister, R. F. (1991). Binge eating as escape from self-awareness. *Psychological bulletin*, *110*(1), 86.

Heaven, P. C., Mulligan, K., Merrilees, R., Woods, T., & Fairooz, Y. (2001). Neuroticism and conscientiousness as predictors of emotional, external, and restrained eating behaviors. *International Journal of Eating Disorders*, *30*(2), 161-166.

Hilbert, A., Petroff, D., Herpertz, S., Pietrowsky, R., Tuschen-Caffier, B., Vocks, S., & Schmidt, R. (2019). Meta-analysis of the efficacy of psychological and medical treatments for binge-eating disorder. *Journal of consulting and clinical psychology*, *87*(1), 91.

Hoffmann, S., & Akbar, P. (2019). Emotion. In *Konsumentenverhalten* (pp. 53-69). Springer Gabler, Wiesbaden.

Hudson, J. I., Hiripi, E., Pope Jr, H. G., & Kessler, R. C. (2007). The prevalence and correlates of eating disorders in the National Comorbidity Survey Replication. *Biological psychiatry*, *61*(3), 348-358.

Hudson, N. W., & Fraley, R. C. (2015). Volitional personality trait change: Can people choose to change their personality traits?. *Journal of personality and social psychology*, *109*(3), 490.

Jelinek, L., Hottenrott, B., & Moritz, S. (2009). Assoziationsspaltung–Eine neue Intervention zur Behandlung von Zwangsgedanken. *Notfall & Hausarztmedizin*, *35*(02), 86-89.

Kasl, S. V. (1984). Stress and health. *Annual review of public health*, *5*(1), 319-341.

Keller, A., Litzelman, K., Wisk, L. E., Maddox, T., Cheng, E. R., Creswell, P. D., & Witt, W. P. (2012). Does the perception that stress affects health matter? The association with health and mortality. *Health psychology*, *31*(5), 677.

Khwaja, A., Silverman, D., Sloan, F., & Wang, Y. (2009). Are mature smokers misinformed?. *Journal of Health Economics*, *28*(2), 385-397.

Lakier, J. B. (1992). Smoking and cardiovascular disease. *The American journal of medicine*, *93*(1), S8-S12.

Layoun, N., Hallit, S., Waked, M., Bacha, Z. A., Godin, I., Dramaix, M., & Salameh, P. (2017). Predictors of readiness to quit stages and intention to quit cigarette smoking in 2 and 6 months in Lebanon. *Journal of research in health sciences*, *17*(2), 379.

Lee-Winn, A. E., Townsend, L., Reinblatt, S. P., & Mendelson, T. (2016). Associations of neuroticism and impulsivity with binge eating in a nationally representative sample of adolescents in the United States. *Personality and individual differences*, *90*, 66-72.

Lehmann, D. (1990). Brain electric microstates and cognition: the atoms of thought. In *Machinery of the Mind* (pp. 209-224). Birkhäuser, Boston, MA.

Leitão-Gonçalves, R., Carvalho-Santos, Z., Francisco, A. P., Fioreze, G. T., Anjos, M., Baltazar, C., ... & Ribeiro, C. (2017). Commensal bacteria and essential amino acids control food choice behavior and reproduction. *PLoS biology*, *15*(4), e2000862.

Lydecker, J. A., & Grilo, C. M. (2019). I didn't want them to see: Secretive eating among adults with binge-eating disorder. *International Journal of Eating Disorders*, *52*(2), 153-158.

Lynch, S. V., & Pedersen, O. (2016). The human intestinal microbiome in health and disease. *New England Journal of Medicine*, *375*(24), 2369-2379.

McComb, S. E., & Mills, J. S. (2021). Young women's body image following upwards comparison to Instagram models: The role of physical appearance perfectionism and cognitive emotion regulation. *Body Image*, *38*, 49-62.

Michel, D. M., & Willard, S. G. (2008). *When dieting becomes dangerous*. Yale University Press.

Mickley, D. W. (1999). Medical dangers of anorexia nervosa and bulimia nervosa. *Eating disorders: a reference sourcebook. Oryx: Phoenix*, 46-51.

Mischel, W. (2014). The marshmallow test: Understanding self-control and how to master it. Random House.

Müller, M. J., Enderle, J., Pourhassan, M., Braun, W., Eggeling, B., Lagerpusch, M., ... & Bosy-Westphal, A. (2015). Metabolic adaptation to caloric restriction and subsequent refeeding: the Minnesota Starvation Experiment revisited. *The American journal of clinical nutrition*, *102*(4), 807-819.

Munsch, S., Biedert, E., Meyer, A., Michael, T., Schlup, B., Tuch, A., & Margraf, J. (2007). A randomized comparison of cognitive behavioral therapy and behavioral weight loss treatment for overweight individuals with binge eating disorder. *International journal of eating disorders*, *40*(2), 102-113.

Novakovic-Agopian, T., Chen, A. J. W., Rome, S., Abrams, G., Castelli, H., Rossi, A., ... & D'Esposito, M. (2011). Rehabilitation of executive functioning with training in attention regulation applied to individually defined goals: a pilot study bridging theory, assessment, and treatment. *The Journal of head trauma rehabilitation*, *26*(5), 325-338.

Nicoli, M. G., & Junior, R. D. L. (2011). Binge eating disorder and body image perception among university students. *Eating behaviors*, *12*(4), 284-288.

O'Leary, A. (1985). Self-efficacy and health. *Behaviour research and therapy*, *23*(4), 437-451.

Oswald, M. E., & Grosjean, S. (2004). Confirmation bias. Cognitive illusions: A handbook on fallacies and biases in thinking, judgement and memory, 79.

Pazda, A. D., Thorstenson, C. A., Elliot, A. J., & Perrett, D. I. (2016). Women's facial redness increases their perceived attractiveness: Mediation through perceived healthiness. *Perception*, *45*(7), 739-754.

Pearce, J. M. S. (2004). Richard Morton: Origins of anorexia nervosa. *European neurology*, *52*(4), 191-192.

Polivy, J., & Herman, C. P. (1999). Distress and eating: why do dieters overeat?. *International Journal of Eating Disorders*, *26*(2), 153-164.

Ramacciotti, C. E., Coli, E., Marazziti, D., Segura-García, C., Brambilla, F., Piccinni, A., & Dell'Osso, L. (2013). Therapeutic options for binge eating disorder. *Eating and Weight Disorders-Studies on Anorexia, Bulimia and Obesity*, *18*(1), 3-9.

Roberts, B. W., Luo, J., Briley, D. A., Chow, P. I., Su, R., & Hill, P. L. (2017). A systematic review of personality trait change through intervention. *Psychological Bulletin*, *143*(2), 117.

Roberts, B. W., Walton, K. E., & Viechtbauer, W. (2006). Patterns of mean-level change in personality traits across the life course: a meta-analysis of longitudinal studies. *Psychological bulletin*, *132*(1), 1.

Ross, C. C. (2007). The importance of nutrition as the best medicine for eating disorders. *Explore*, *3*(2), 153-157.

Roth, D. A., Eng, W., & Heimberg, R. G. (2002). Cognitive behavior therapy. *Encyclopedia of psychotherapy*, *1*, 451-459.

Russell, M. A., Sutton, S. R., Feyerabend, C., Cole, P. V., & Saloojee, Y. (1977). Nicotine chewing gum as a substitute for smoking. *Br Med J*, *1*(6068), 1060-1063.

Schaper, N. (2014). Theoretische Modelle des Arbeitshandelns. In *Arbeits-und Organisationspsychologie* (pp. 321-345). Springer, Berlin, Heidelberg.

Schuck, K., Munsch, S., & Schneider, S. (2018). Body image perceptions and symptoms of disturbed eating behavior among children and adolescents in Germany. *Child and Adolescent Psychiatry and Mental Health*, *12*(1), 1-11.

Selye, H. (1956). What is stress. *Metabolism*, *5*(5), 525-530.

Shafran, R., Fairburn, C. G., Robinson, P., & Lask, B. (2004). Body checking and its avoidance in eating disorders. *International Journal of Eating Disorders*, *35*(1), 93-101.

Sheldon, B. (2011). Cognitive-behavioural therapy: research and practice in health and social care. Routledge.

Sherif, M., Taub, D., & Hovland, C. I. (1958). Assimilation and contrast effects of anchoring stimuli on judgments. *Journal of experimental psychology*, *55*(2), 150.

Smith, M. C., Pruitt, J. A., Mann, L. M., & Thelen, M. H. (1986). Attitudes and knowledge regarding bulimia and anorexia nervosa. *International Journal of Eating Disorders*, *5*(3), 545-553.

Spitzer, N. (2010). Metakognitive Therapie (MCT) und Symptomstress–lassen sich Metakognitionen in das ABC-Modell integrieren. *Zeitschrift für Rational-Emotive & Kognitive Verhaltenstherapie*, *21*, 5-23.

Stensel, D. (2010). Exercise, appetite and appetite-regulating hormones: implications for food intake and weight control. *Annals of nutrition and metabolism*, *57*(Suppl. 2), 36-42.

Stewart, C. J., Ajami, N. J., O'Brien, J. L., Hutchinson, D. S., Smith, D. P., Wong, M. C., ... & Petrosino, J. F. (2018). Temporal development of the gut microbiome in early childhood from the TEDDY study. *Nature*, *562*(7728), 583-588.

Sussman, S., & Sussman, A. N. (2011). Considering the definition of addiction. *International journal of environmental research and public health*, *8*(10), 4025-4038.

Tabibian, B., Upadhyay, U., De, A., Zarezade, A., Schölkopf, B., & Gomez-Rodriguez, M. (2019). Enhancing human learning via spaced repetition optimization. *Proceedings of the National Academy of Sciences*, *116*(10), 3988-3993.

Theres, H., Maier, B., Behrens, S., Schoeller, R., & Schuehlen, H. (2014, September). Risk factor profile of patients with myocardial infarction: smoking in younger patients. In *EUROPEAN HEART JOURNAL* (Vol. 35, pp. 901-901). GREAT CLARENDON ST, OXFORD OX2 6DP, ENGLAND: OXFORD UNIV PRESS.

Thiel, A., Broocks, A., Ohlmeier, M., Jacoby, G. E., & Schüssler, G. (1995). Obsessive-compulsive disorder among patients with anorexia nervosa and bulimia nervosa. *The American journal of psychiatry*.

Tolin, D. F. (2010). Is cognitive–behavioral therapy more effective than other therapies?: A meta-analytic review. *Clinical psychology review*, *30*(6), 710-720.

Tsai, A. G., & Wadden, T. A. (2006). The evolution of very-low-calorie diets: an update and meta-analysis. *Obesity*, *14*(8), 1283-1293.

Urbano, G., Porres, J. M., Frías, J., & Vidal-Valverde, C. (2007). Nutritional value. In *Lentil* (pp. 47-93). Springer, Dordrecht.

Vashi, N. A. (2016). Obsession with perfection: Body dysmorphia. *Clinics in dermatology*, *34*(6), 788-791.

Vertinsky, P. (2007). Physique as destiny: William H. Sheldon, Barbara Honeyman Heath and the struggle for hegemony in the science of somatotyping. *Canadian bulletin of medical history*, *24*(2), 291-316.

Wegner, D. M., & Zanakos, S. (1994). Chronic thought suppression. *Journal of personality*, *62*(4), 615-640.

Wells, A. (2005). Detached mindfulness in cognitive therapy: A metacognitive analysis and ten techniques. *Journal of rational-emotive and cognitive-behavior therapy*, *23*(4), 337-355.

Wells, A. (2008). Metacognitive therapy: Cognition applied to regulating cognition. *Behavioural and cognitive psychotherapy*, *36*(6), 651-658.

Wilcox, G. (2005). Insulin and insulin resistance. *Clinical biochemist reviews*, *26*(2), 19.

Willett, W. C., & Stampfer, M. J. (2003). Rebuilding the food pyramid. *Scientific American*, *288*(1), 64-71.

Wilson, G. T. (1991). The addiction model of eating disorders: A critical analysis. *Advances in Behaviour Research and Therapy*, *13*(1), 27-72.

Wilson, G. T. (2005). Behavior therapy.

Wilson, G. T., & Fairburn, C. G. (2002). Treatments for eating disorders.

Winkelman, J. W. (1998). Clinical and polysomnographic features of sleep-related eating disorder. *Journal of Clinical Psychiatry*, *59*(1), 14-19.

World Health Organization. (2020). Overweight and obesity.

Yoon, K. L., Maltby, J., & Joormann, J. (2013). A pathway from neuroticism to depression: examining the role of emotion regulation. *Anxiety, stress & coping*, *26*(5), 558-572.

Yuhua, F. Expanding Hegelian Triad Thesis, Antithesis, Synthesis with Neutrosophy and Quad-stage Method. *China Preprint Service System (in Chinese) http://www. nstl. gov. cn/preprint/main. html*.

Verweis auf die Auszüge aus dem ICD-10:

Hrsg.: Bundesinstitut für Arzneimittel und Medizinprodukte (BfArM) im Auftrag des Bundesministeriums für Gesundheit (BMG) unter Beteiligung der Arbeitsgruppe ICD des Kuratoriums für Fragen der Klassifikation im Gesundheitswesen (KKG)

Titel: ICD-10-GM Version 2021, Systematisches Verzeichnis, Internationale statistische Klassifikation der Krankheiten und verwandter Gesundheitsprobleme, 10. Revision, Stand: 18. September 2020

Impressum

Deutschsprachige Erstausgabe März 2022

Ladungsfähige Adresse
Maximilian Alexander Koch
Heinrich-Könn-Straße 94
40625 Düsseldorf

ISBN Taschenbuch : 978-3-9821202-9-4

Covergestaltung & Buchsatz
Danileoart | www.danileoart.com

Printed in Poland
by Amazon Fulfillment
Poland Sp. z o.o., Wrocław

31782801R00177